北海道の
国鉄・私鉄・路面電車

上巻

道東・道北編

目次詳細

国鉄路線 編

函館本線	6	池北線	102
函館本線上砂川支線	21	名寄本線	106
歌志内線	24	渚滑線	114
富良野線	28	興浜南線・興浜北線	118
根室本線	32	宗谷本線	124
広尾線	60	美幸線	144
士幌線	64	天北線	146
釧網本線	68	深名線	150
標津線	78	留萠本線	154
石北本線	82	羽幌線	160
相生線	98		

民鉄 編

三菱美唄鉄道 ……………170
三美運輸 ………………175
三菱鉱業茶志内専用鉄道 ……176
三菱鉱業芦別鉱業所
専用鉄道 ………………178
三井芦別鉄道 ……………181
留萠鉄道 ………………182
羽幌炭鉱鉄道 ……………184
旭川電気軌道 ……………186

日曹炭鉱天塩鉱業所
専用鉄道 ………………202
北海道拓殖鉄道 …………204
雄別鉄道 ………………206
釧路臨港鉄道 ……………212
浜中町営軌道 ……………216
標茶町営軌道 ……………222

北海道の鉄道路線（昭和36年）

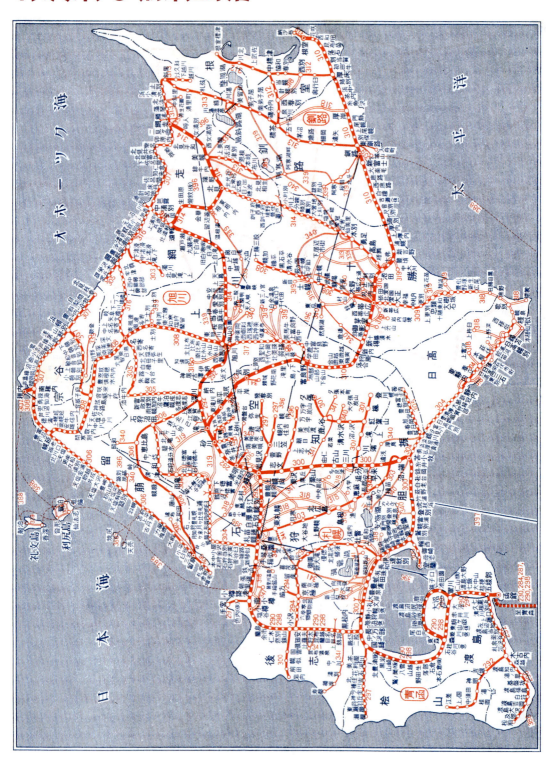

国鉄路線 編

北海道の中央を背骨のように縦断する日高山脈や北見山地。道東はこれらの山々で道央圏と分断されていた。これを結ぶため、山間にはいくつもの鉄道路線が敷かれた。急勾配が連続する険しい山々を攻略すべく、峠を越える列車には補機が連結され運転されていた。
◎新得〜新内　1964(昭和39)年7月31日　撮影：西原博

函館本線（岩見沢～旭川）

函館本線と室蘭本線、そして幌内線が交わるジャンクション駅の岩見沢。岩見沢機関区や岩見沢客貨車区、操車場が設置されている拠点駅でもある。写真はD51形牽引の札幌行臨時急行「狩勝52号」。夏の期間に札幌～釧路間の夜行急行「狩勝」を増発した列車だ。
◎岩見沢　1972（昭和47）年7月30日　撮影：西原博

1972 (昭和47) 年10月から札幌～網走間で運行が開始された特急「オホーツク」。それまでの道内特急はいずれも函館発着であったが、「オホーツク」は札幌発着となった。函館を通らない初めての道内特急で運行開始からしばらくはキハ80系が使われ、食堂車も連結されていた。
◎岩見沢　撮影年月不詳（1970年代前半）　撮影：長谷川明

1968 (昭和43) 年8月に小樽～滝川間が道内の国鉄路線では最初の営業電化区間となった。それ以降、函館本線では電車の711系や電気機関車のED75 500代やED76 500代牽引の客車や貨物列車が運転されるようになり、1975 (昭和50) 年からは道内初の電車特急「いしかり」の運行が開始、1980 (昭和55) 年からは写真の特急「ライラック」の運行がはじまった。また函館本線の電化関係は下巻で詳しく触れている。
◎岩見沢　1984 (昭和59) 年　撮影：長谷川明

当駅は南美唄地区にある三井美唄鉱業所を結ぶ南美唄支線（約3km）や三菱石炭鉱業美唄鉄道が分岐するジャンクション駅だ。構内には美唄鉄道の機関区が設置されいる。また4番線ホームは国鉄と美唄鉄道で共用している。写真では南美唄支線のキハ22形が停車しているが、171ページの写真では美唄鉄道の貨物列車が停車している。
◎美唄　1969（昭和44）年
　撮影：柳川知章

美唄から砂川にかけては空知炭田の西側に線路が敷かれた函館本線。そのため美唄（南美唄支線・三菱鉱業美唄鉄道）、茶志内（三菱鉱業茶志内炭鉱）、奈井江（三井鉱山奈井江炭鉱）、砂川（上砂川支線・歌志内線）と炭鉱路線が分岐する駅が続いている。また国鉄の転車台は構内はずれの旭川方に位置していた。
◎美唄　1969（昭和44）年
　撮影：柳川知章

函館本線の美唄から南へ向かい南美唄へ至る南美唄支線。三井美唄炭鉱の運炭用として三井鉱山によって建設され、鉄道省に寄贈された路線だ。開業は1931（昭和6）年12月1日で、当初は貨物専用線であった。戦時中の1944（昭和19）年に旅客化されたが、1971（昭和46）年には再び貨物だけとなり、1974（昭和49）年に廃止された。支線は約3kmで、函館本線の本線との並走区間を過ぎてから1.5kmほど22‰の上り勾配があった。D51形などが石炭貨物列車を牽引していた。
◎美唄～南美唄
　1972（昭和47）年6月23日
　撮影：安田就視

根室本線と分岐する滝川。函館本線沿いを流れる石狩川と根室本線沿いを流れる空知川の合流地点近くに駅は置かれている。駅の石狩川側には滝川機関区が設置されており、滝川周辺の各路線の他、室蘭本線東室蘭まで運用があった。写真は岩見沢機関区に所属するD50形355号機牽引の上り貨物列車。
◎滝川　1964（昭和39）年8月2日　撮影：西原博

滝川駅に到着するキハ56形の急行「阿寒」。札幌〜根室間を結ぶ「阿寒」は根室本線の急行列車。函館や札幌から根室本線へ直通する列車は、石勝線が開業する1981（昭和56）年まで札幌〜滝川間で函館本線を走行していた。
◎砂川〜滝川　1964（昭和39）年8月2日　撮影：西原博

1961（昭和36）年10月に道内初の特急列車として運行が開始された特急「おおぞら」。運行開始時は函館〜旭川間を結ぶ列車であったが、翌年の1962（昭和37）年10月から釧路行きの運転も開始。分岐駅の滝川で、旭川行きと釧路行きの分割併合が行われた。写真は滝川以北の旭川編成の単独運用区間だ。
◎妹背牛　1963（昭和38）年7月30日　撮影：西原博

函館〜釧路・網走を結んだ特急「おおとり」は1964（昭和39）年10月1日に登場。この愛称名は前日まで東京〜名古屋間の電車特急で使われていた。「おおぞら」と同様に滝川で分割併合する形での運転だった。写真は滝川以北の網走編成。当時、食堂車は釧路編成にだけ連結されていた。
◎深川　1969（昭和44）年8月　撮影：長谷川明

深川から納内までの複線化は、1964(昭和39)年に道内における腹付線増工事のモデルケースとして施工された。下り線を線増し、この区間では新設路盤及び極寒地における初のロングレール敷設として、途中にある半径868mの曲線区間を除く3区間5211mに約1600〜1800mのロングレールと5ヶ所の伸縮継目が施工された。これにより深川駅構内配線は大きく変更されている。
◎深川　1969(昭和44)年8月　撮影:長谷川明

深川駅からは留萠本線や深名線が分岐しており、深川構内にはその拠点となる深川機関区が設置されていた。深川駅の旅客ホームは3面あり、駅舎に面した1番線が函館本線上り、真ん中のホームの3番線は函館本線下り、4番線は留萠本線、一番奥にあるホームは6番線で深名線が主に使用していた。各ホームの間にはホームに面していない2番線と5番線があり、貨物列車などの発着で使用された。
◎深川　1982(昭和57)年6月20日　撮影:安田就視

函館本線が石狩平野を走るのは、ここ納内から少し先まで。ここから先は石狩平野と上川盆地を隔てる石狩川の神居古潭の渓谷に沿って走る。また根室本線の高根信号場から当駅まで芦別線という路線が延びる予定であったが、工事途中で計画が凍結されている。
◎納内　1969（昭和44）年8月　撮影：長谷川明

納内〜伊納間は神居古潭の渓谷の中を走る。函館本線は蛇行する石狩川に沿うように線路が敷かれ、半径175mの曲線6箇所を含む32箇所にも及ぶ急曲線が連続する。また川の氾濫による築堤の崩壊や路盤流出、落石などが多く運転上のネックとなっていた。そのため戦時中から線路改良などの検討がされたが、なかなか進まなかった。この区間の旧線には神居古潭、春志内、伊納の3本のトンネルがあった。写真は神居古潭トンネルの函館方だ。
◎納内〜神居古潭　1969（昭和44）年8月　撮影：長谷川明

神居古潭トンネルを出るとすぐに神居古潭駅に到着する。電化複線化の際に、神居古潭駅、春志内信号場を含む従来線を廃止し、納内から伊能まで直接結ぶ別線複線化が行われた。これにより納内〜伊能間は神居、第一伊能、第二伊能の3本のトンネルで結ばれ、この区間の71%を占めた。このうち神居トンネルは全長4523mと一番長く、地質に難があり難工事となった。
◎神居古潭　1969(昭和44)年8月　撮影：長谷川明

神居古潭の駅舎。1901(明治34)年に簡易停車場として設置され、1903(明治36)年5月に正式な駅となった。駅舎は1910(明治43)年に建てられたものだ。現在、旧線はサイクリングロードとして整備されており、この駅舎も復元保存されている。また構内跡にはD51形やC57形、9600形といったこの区間で活躍した機関車が静態保存されている。
◎神居古潭　1969(昭和44)年8月　撮影：長谷川明

伊能～近文間も石狩川沿いの従来線は避け、第三伊能、嵐山の2つのトンネルと橋梁で線形の良い別線新線化された。納内～伊納間の神居トンネルの完成を待って1969（昭和44）年10月に複線化と電化がなされ、滝川～旭川間の複線電化が完成した。これにより小樽～旭川間の交流電化が完成したが、当初の計画では一体開業予定であった。写真は伊納で、右側に建設中の新線が見える。
◎伊納　1969（昭和44）年8月　撮影：長谷川明

旧線の伊納に停車するC57形201号機牽引の客車列車。201号機はC57形のラストナンバー機で、戦後の1947（昭和22）年に製造されたグループ。溶接方法が変更されたためボイラー径が太かったり、デフレクターの前上部の切り欠きがある点が特徴的だ。現在、この機関車は神居古潭駅構内跡で保存されている。
◎伊納　1969（昭和44）年8月　撮影：長谷川明

新線切り替え後の姿。781系電車が走るのは複線電化された新線区間で、奥に見えるトンネルは嵐山トンネル（L＝1260m）だ。線路沿いに延びる細い道が旧線跡で、サイクリングロードとして整備されている。旧線時代の伊納～近文間にはトンネルはなかった。
◎近文～伊納　1991（平成3）年10月　撮影：安田就視

道内一の大幹線である函館本線の終点 旭川。1898(明治31)年7月16日に北海道官設鉄道上川線の終点として開業した。旭川には函館本線の他、宗谷本線、富良野線、新旭川で宗谷本線へ直通する石北本線が乗り入れている道北の拠点駅で、駅近くには旭川鉄道管理局もある。写真は1960(昭和35)年に竣工した3代目駅舎。駅が高架化されるまで使用された。写真右側では旭川エスタが建設中。この頃、駅名の読みは"あさひがわ"だった。
◎旭川　1982(昭和57)年6月20日　撮影：安田就視

道北の拠点駅である旭川では輸送需要の限界を迎え駅の改良工事が行われた。これは着発線の増設で、1番線を本屋側に移設し、その間にホームのない2線の下り着発線を整備するものであった。ホームが移動するため地下道やテルハなども改築する工事となった。1962年8月に着工し、1964年3月に完成した。
◎旭川　1969(昭和44)年8月　撮影：長谷川明

旭川駅を発車するC55形牽引の客車列車。駅舎側の1番線に停車するのはキハ80系の特急「北海」。この列車は1967(昭和42)年10月に特急「おおぞら」の混雑緩和を目的として函館〜小樽〜旭川間で運行開始。長万部〜札幌間は山線経由で函館本線を走破する特急であった。「北海」登場で、特急「おおぞら」の旭川編成は廃止され、函館〜釧路間の列車となった。
◎旭川　1969(昭和44)年8月　撮影：長谷川明

広い構内の一角には道北の拠点となる旭川機関区が置かれていた。機関区には扇形庫があり、1926(大正15)年築のコンクリート造り。庫は24線ある大型のもので、転車台は下路式のものが設置されていた。転車台や扇形庫は大量にある除雪装置の夏場の保管場所や車両の方向転換のために2003(平成15)年の移転まで使用されていたが、残念ながら2007(平成19)年に解体された。
◎旭川機関区
　1969(昭和44)年
　撮影：柳川知章

大きな機関区のためガントリークレーンや給炭槽が設置されている。またこのクレーンの手前側にある線路は後に電気機関車用に電化された。構内には他にも旭川客貨車区や機関区の東側には車両工場の旭川工場(1973(昭和48)年以降は旭川車両センター)が設置されていた。こちらはレンガ庫の一部が現在も保存されている。
◎旭川機関区
　1969(昭和44)年
　撮影：柳川知章

旭川機関区の蒸気機関車の配置は1974(昭和49)年12月までで、以降はDD51などのディーゼル機関車や気動車が配置されていた。民営化直前に客貨車区と合併して旭川運転所となったが、その後も同じ場所に設置されていた。しかし旭川駅の高架化工事のため2003年9月に北旭川駅南側に移転した。
◎旭川機関区
　1969(昭和44)年
　撮影：柳川知章

上砂川支線

1887（明治20）年頃に発見された上砂川の石炭。しかしすぐには開発されず、1914（大正3）年にようやく開発され、操業を開始した三井鉱山砂川鉱業所。ここへの石炭輸送のために函館本線の砂川から専用線が敷かれ、1918（大正7）年に開業した。当初は専用線であったが、1926（大正15）年に函館本線の一部となり、上砂川支線となった。地元では「上砂川線」と呼ばれていた。
◎上砂川　1979（昭和54）年11月1日　撮影：安田就視

上砂川支線のメインは三井鉱山砂川鉱業所からの石炭輸送だ。構内には石炭のホッパー線があり、石炭の積み込みが行われていた。写真には入換中のD51形が写っているが、蒸気機関車での牽引は1975（昭和50）年まで行われ、以降はDD51形の牽引で石炭輸送が行われていた。しかし1987（昭和62）年3月24日に貨物輸送は廃止された。
◎上砂川　1972（昭和47）年6月23日　撮影：安田就視

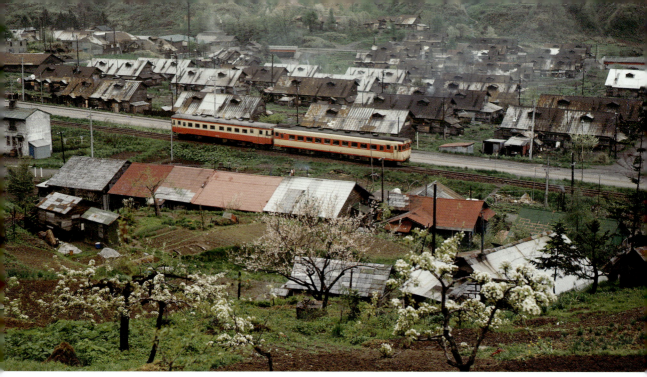

当初は途中駅が設置されていなかったが、1953 (昭和28) 年に鶉。1959 (昭和34) 年に下鶉と東鶉の3駅が設置された。この頃に旅客列車の気動車化が行われ、廃止まで気動車で運転された。駅名に鶉が多いのはこの一帯が開拓地の鶉農場があったことが由来である。また上砂川町は1949 (昭和22) 年に砂川町と歌志内町から分離独立する形で登場した。
◎上砂川～東鶉　1975 (昭和50) 年5月18日　撮影：安田就視

上砂川は駅に隣接して三井鉱山砂川鉱業所があり、まさに炭礦の開発により発展していった街であった。また上砂川という地名は三井鉱山によって命名されている。そのため町は砂川鉱業所に依存しており、閉山によって大打撃を受けた。駅は曲線部に設置され、ホームは1面1線で石炭貨物列車用のヤードが構内のほとんどを占めている。写真右奥には炭鉱住宅街が続き、写真の外側になるが石炭と分離されたズリ山がそびえている。
◎上砂川　1979 (昭和54) 年11月1日　撮影：安田就視

上砂川の構内の外れには転車台が設置されていた。町内では林業も行われており、構内外れには貯木場があり引き込み線も設置されていた。また炭鉱では坑道を支える坑木が大量に必要なため、林業は炭鉱を支える重要な産業であった。
◎東鶉〜上砂川　1979（昭和54）年11月1日　撮影：安田就視

同じ砂川から分岐する歌志内線の方が営業成績が良かったが、上砂川支線は函館本線の一部のため特定地方交通線の対象とはならず廃止まで幹線であった。しかし1987（昭和62）年には町の唯一の基幹産業であった炭礦が閉山されたことで、利用客も減少し1994（平成6）年5月16日をもって砂川〜上砂川間7.4kmは廃止された。
◎上砂川　1979（昭和54）年11月1日　撮影：安田就視

歌志内線

終点の歌志内から2つの専用線が延びていた。一つは住友石炭鉱業上歌志内専用線で、もう一つは北海道炭礦汽船空知炭礦へ向かう路線だった。この空知炭礦は1963(昭和38)年に分社化され、空知炭礦(株)となった。1995(平成7)年まで操業したが、坑内堀は閉山。現在は露天掘りの炭鉱として操業している。駅は側線が数本と寂しい感じであるが、さらに先へ専用線が延びていた。
◎歌志内
1973(昭和48)年
10月13日
撮影：安田就視

歌志内の石炭は上砂川とほぼ同時期の1887 (明治20) 年頃に発見され、すぐに開発が始められ1890 (明治23) 年に北海道炭礦鉄道空知採炭所が開設し、翌年に操業を開始。その輸送路線として自社で砂川から歌志内まで建設し、1891 (明治24) 年7月に岩見沢～歌志内間の空知線として開業。その後、1906 (明治39) 年に北海道炭礦鉄道の各路線は国有化され、砂川～歌志内間の歌志内線となった。この国有化により保有していた鉄道路線が無くなった北海道炭礦鉄道は北海道炭礦汽船と社名を変更している。
◎歌志内　1973 (昭和48) 年10月13日　　撮影：安田就視

上砂川支線と同じく砂川から分岐する歌志内線はペンケ歌志内川沿いに、上砂川支線はパンケ歌志内川沿いにあり、両線は至近距離に敷かれていた。また終点の歌志内から数キロ先は根室本線赤平～茂尻間で、歌志内から専用線が延びる上歌志内にある住友石炭鉱業上歌志内坑は山を挟んで反対側の赤平坑と坑内が繋がっており、赤平側に集約されたほど近かった。
◎焼山～文殊　1979 (昭和54) 年11月1日　　撮影：安田就視

函館本線の上砂川支線とは異なり、歌志内線は単独路線のため特定地方交通線に指定された。上砂川支線より遅く廃止直前の1988 (昭和63) 年4月10日まで貨物列車は運転されていたが、1988 (昭和63) 年4月25日に砂川～歌志内間14.5kmは廃止された。
◎焼山～文殊　1981 (昭和56) 年10月8日
　撮影：安田就視

歌志内線沿線には炭鉱がいくつかあり、西歌からは住友石炭鉱業赤平鉱業所歌志内礦への専用線が分岐していた。この他にも隣の神威からは北海道炭礦汽船神威礦への専用線があった。しかしどちらも1970(昭和45)年前後に閉山されている。
◎西歌　1972(昭和47)年6月23日　撮影:安田就視

富良野線

富良野〜旭川間54.8kmを結ぶ富良野線。函館本線と根室本線という幹線を結ぶ路線であるが、当初は旭川から帯広を結ぶ北海道官設鉄道十勝線の一部として1900(明治33)年8月1日に開業した。その後、1913(大正2)年に今の根室本線である滝川〜下富良野(現：富良野)間が開業すると滝川〜下富良野〜釧路間を釧路本線と改称し、下富良野〜旭川間は分離されて富良野線となった。写真は旭川駅はずれにある冬季に使用する雪捨線に留置されている除雪車はキ100形。奥に富良野線のキハ22形が走る。
◎旭川　1969(昭和44)年　撮影：柳川知章

旭川駅の富良野線ホームは、函館本線や宗谷本線のホーム群から貨物仕分線を挟んで遠く離れた駅構内の忠別川側に設置されていた。また旭川機関区から富良野線ホームや函館本線の函館方への入出庫には富良野線の下を通る機回線を使っており、函館本線旭川電化後にはこの線路も電化された。
◎旭川　1969(昭和44)年
　撮影：柳川知章

蒸気機関車末期の富良野線では3往復の貨物列車が設置されており、旭川機関区の9600形が運用されていた。1974（昭和49）年7月19日に無煙化された。以降はDE10形やDE15形が用いられたが1982（昭和57）年11月15日に廃止された。写真の旭川機関区所属の9600形39637号機には労使紛争のスローガンが書き殴られている。
◎上富良野〜美馬牛　1972（昭和47）年6月24日　撮影：安田就視

富良野線の中間に位置する美瑛。沿線で一番大きな街である美瑛は駅舎に美瑛石が使われている。ホームは相対式2面2線であるが、駅の裏側には木材や農作物を出荷するための貨物側線が広がっており、旭川方には農協倉庫への専用側線も延びていた。
◎美瑛　1982（昭和57）年6月20日　撮影：安田就視

上川盆地と富良野盆地に跨がる富良野線は平坦そうな路線に見えるがところどころに急勾配がある意外と起伏のある路線となっている。特に上川と空知の境目となる美馬牛付近には25‰の勾配がある。また沿線では農業が盛んで特に富良野盆地北部の美瑛界隈では丘陵地を開墾して畑とした丘が点在する。
◎学田～富良野　1984年10月29日　撮影：安田就視

根室本線

滝川〜根室間443.8kmの根室本線は滝川〜富良野間は下富良野線、富良野〜帯広間は十勝線、帯広〜釧路間は釧路線、釧路〜根室間は根室線として建設された。1913(大正2)年11月に下富良野線が完成し、滝川〜釧路間が釧路本線となった。その後、厚岸、厚床と東へ延伸していき、1921(大正10)年8月5日に根室まで延伸され全通し、路線名が根室本線へと改称された。根室本線は起点の滝川を発車すると函館本線から大きく東に進路を変えて空知川に沿うように走っていき赤平や芦別といった炭礦の街を進んでいった。線路沿いには炭鉱住宅が連なっていた。
◎赤平〜茂尻　1972(昭和47)年6月24日　撮影:安田就視

平岸〜芦別間に設置されていた高根信号場。芦別からの増大する石炭輸送に対応するために設置された。このような信号場は他に幌岡信号場、一ノ坂信号場などがあった。また当信号場からは函館本線納内とを結ぶ芦別線が分岐する予定であった。芦別線は芦別五山や赤平などの空知炭山からの石炭を留萌などへ運ぶ短絡線として1962（昭和37）年に着工され、3割ほどの路盤などは完成していたが、炭鉱の閉山などで需要が見込めず工事は凍結された。
◎高根信号場　1972（昭和47）年3月　撮影：岩堀春夫

空知炭山の北辺に位置する赤平や芦別からは石炭が数多く出荷された。特に芦別は芦別五山と呼ばれる三菱芦別、三井芦別、油谷鉱業、高根炭鉱、明治鉱業といった大手炭鉱が参入していた。これら空知産の石炭は留萌港から積み出されており、根室本線、函館本線、留萌本線経由で留萌港まで運ばれた。
◎平岸　1964（昭和39）年7月30日　撮影：西原博

芦別川橋梁は1913年の下富良野線建設時に架けられた橋で、上路プレート桁6連で構成された全長118.11m。橋脚は高さが24m以上もあり背の高いため、煉瓦積みだが鉄筋の入った鉄筋煉瓦積となっている。この芦別川の両岸の地形が高くなっているため、橋の両側は築堤で線路の高さを稼いでいる。また芦別川沿いには三井鉱山芦別鉱業所があり、芦別では三井芦別鉄道が分岐していた。
◎芦別〜上芦別　撮影：安田就視

野花南から島ノ下にかけては空知川に沿って蛇行する形で線路が敷かれており、途中には滝里という駅があった。しかし、滝里ダム建設に伴い1991（平成3）年10月に滝里トンネル（L=5595m）と島ノ下トンネル（L=2839m）を経由するダム湖を迂回した新線に切替られ、滝里は廃止された。また滝里ダムのダムサイトは根室本線の第6空知川橋梁の位置に建設された。
◎野花南
　1972（昭和47）年6月24日
　撮影：安田就視

島ノ下を過ぎると根室本線は富良野盆地を走っていく。滝川から野花南までの炭鉱や炭鉱住宅などと水田が続く景色から一変し、タマネギや馬鈴薯の畑の中を行く。下富良野線として建設された滝川～富良野間は空知川流域の炭鉱開発や地域発展のために整備された。現在この付近には国道38号線富良野道路の北の峰インターチェンジが建設された。
◎島ノ下～富良野　1972(昭和47)年6月24日　撮影：安田就視

無煙化後の根室本線ではDD51形500代が活躍した。全道的に蒸気機関車を追い込んでいった機関車であったため、一部マニアなどからは「赤豚」などと呼ばれて蔑まされていた。道内のDD51形は1966(昭和41)年に釧路機関区へ集中配置されたのが最初。以降は旭川、五稜郭と範囲を拡げていき道内各地で活躍。2000年代に入るまで道内貨物列車の主力機関車だった。
◎島ノ下～富良野　1984(昭和59)年10月29日　撮影：安田就視

かつて根室本線の一部であった富良野線が分岐する富良野駅。富良野盆地の中心としである富良野市に位置している。構内東側には十勝線時代から富良野機関区が設置されており、蒸気機関車晩年はD50形やD51形などが所属していた。かつては特急・急行停車駅であったが、石勝線開業で優等列車が経由しなくなり減少し、平成初頭には定期優等列車の停車が無くなってしまった。
◎富良野　1984（昭和59）年10月29日　撮影：安田就視

ドラマ「北の国から」で有名となった布部。当駅から東へ向かって1952(昭和27)年まで東京帝国大学の北海道演習林の森林軌道麓郷線が敷設されていた。このような森林軌道は2つ先の下金山からも延びていた。写真は小樽築港機関区所属のC57形44号機牽引の函館発釧路行きの客車列車。函館を23時30分に出て、布部にはお昼過ぎの12時43分に到着するダイヤだった。
◎布部　1964(昭和39)年7月31日
　　撮影：西原博

空知川本流に金山ダムが建設されることに伴い、金山〜東鹿越間のうち12.7kmが水没するため1966(昭和41)年9月29日に空知トンネル(L=2252m)とダム湖上の空知湖橋梁を経由する新線に切替られた。これにより途中にあった鹿越は新線上のダム湖ほとりにある鹿越信号場へ移転している。東鹿越は石灰石鉱山である日鉄鉱業東鹿越鉱業所のために開設された駅で1997(平成9)年まで当駅発の貨物列車が運行されていた。
◎東鹿越
　　1964(昭和39)年7月30日
　　撮影：西原博

石狩と十勝を隔てる狩勝峠の石狩側の拠点となる落合。開業と同時に構内には落合機関庫が設置されたが、1917（大正6）年に新得へ移転した。その後は狩勝峠の補機の折り返し駅として機関車の連結切り離しが幾度となく行われた。
◎落合
1964（昭和39）年8月2日
撮影：西原博

落合を出ると20〜22‰の上り勾配があり、狩勝信号場へ到着する。ここはスイッチバック式信号場で、交換列車はスイッチバックをし停車するが、通過列車はスルー運転できるタイプのものだ。信号場は狩勝トンネル手前のS字カーブ上に位置している。写真は上り貨物列車で、根室方にある折り返し線を出発し、本線へ合流して峠を下っていく列車だ。
◎狩勝信号場　1965（昭和40）年8月5日
　撮影：西原博

狩勝峠のピークにある狩勝信号場は標高は534.3m。落合は標高410.277m、新得は標高187.711mとなっており、その標高差がわかるだろう。信号場の落合方には半径301.75mと25‰の勾配のカーブがあり、ここを過ぎれば比較的直線的に落合へ辿り着く。写真の上り列車は難所を越えて落合に向かう貨物列車で、最後尾には峠を押し上げてきた後部補機が連結されている。
◎狩勝信号場〜落合 1965(昭和40)年8月5日 撮影:西原博

函館と釧路を結んでいる特急「おおぞら」は1962(昭和37)年10月から釧路行きの運転が始まり、根室本線最初の特急列車となった。当初、釧路編成は食堂車が連結された6両編成であったが、需要の高まりと共に増車されて1970(昭和50)年3月からは旭川編成が分離独立し、函館〜釧路間の単独列車となった。以降、根室本線を代表する特急列車として現在も運転されている。
◎狩勝信号場〜新内 1963(昭和38)年7月31日 撮影:西原博

分水嶺となる狩勝トンネル（L=953.9m）を抜けると十勝の雄大な山々や大平原を望む日本三大車窓にも選ばれた区間を走る。この付近は標高を稼ぐために25‰の勾配に加えて、半径179〜241mの急なカーブがいくつも連なる線形となっており、上り列車の難所であった。写真はΩ状に180度向きを変えた大カーブを行く下り貨物列車。ここのカーブは半径181.05mと179.04mと最も急な区間だ。
◎狩勝信号場〜新内　1963（昭和38）年7月31日　撮影：西原博

石狩と十勝を隔てる狩勝峠は1907（明治40）年9月に鉄道が敷設された。狩勝峠という名称は1896（明治29）年の十勝線のルート選定の際に北海道庁鉄道部長の田辺朔郎が命名したとされる。難所であった狩勝峠経由のルートを解消するため、石勝線の一部となる狩勝線を先行してを1962（昭和37）年に着工。勾配を最大12‰まで緩和した新ルートが建設され、1966（昭和41）年9月30日に開業した。これにより開業時からのルートは1966（昭和41）年10月1日に廃止された。
◎新内〜狩勝信号場　1963（昭和38）年7月31日　撮影：西原博

新得から狩勝信号場の間にあった新内駅。ここは新得から続く25‰の上り勾配区間の途中に設けられた駅で、構内だけがほぼ水平になっている。そのため狩勝峠を越える上り貨物列車は全て当駅に停車し、峠のピークへ向けて体制を整え直した。写真は発車する上り混合列車で、先頭の本務機と最後尾の後部補機が駅を出てすぐ待ち構える25‰の上り勾配へ向かって力強く加速していく。
◎新内　1963（昭和38）年7月31日　撮影：西原博

1966（昭和41）年の新線への切替後は新内〜新得間が狩勝実験線となり、現車を使用した走行脱線実験や除雪の実験など様々なデータ収集が行われた。実験線は数々の成果を残し1979（昭和54）年に廃止されている。写真は新内に到着する釧路発函館行きの客車普通列車。小樽築港機関区のC57形には小樽〜釧路間のロングラン運用があった。
◎新内　1963（昭和38）年7月31日　撮影：西原博

根室本線では1961(昭和36)年以降、急行列車は「狩勝」や「摩周」が登場していたが、いずれも釧路発着であった。その中、初の帯広発着の急行として登場したのが札幌～帯広間を結ぶ「十勝」だ。帯広から札幌への日帰り需要を意識した列車であったが、1968(昭和43)年に「狩勝」へ吸収される形で消えた。特急の愛称名として復活するのは平成に入ってからだ。また狩勝信号場～新得間は25‰の急勾配が続いていたが、新得付近の約6kmほどは10‰前後のダラダラ勾配であった。
◎新得～新内　1963(昭和38)年7月31日　撮影：西原博

狩勝峠の拠点駅であった新得。構内の滝川方には新得機関区があり、根室本線の本務機運用の他、狩勝峠の補機運用を行う機関車のねぐらであった。機関区には10線収容できる扇形庫と転車台があり、D51形を中心に配置されていた。
◎新得　1964(昭和39)年7月31日　撮影：西原博

士幌線や広尾線が分岐していた帯広駅。十勝の拠点駅で、構内には分岐する2路線の基地となる帯広運転区が設置されていた。貨物駅は貨物需要の増大で手狭になったことから1968(昭和43)年に西帯広〜帯広間にコンテナ基地が移転された。以降、飼料ターミナルや農産品ターミナルなどが開設され、順次貨物ヤードや検修施設などが移設されていった。
◎帯広　1972(昭和47)年10月27日　撮影：安田就視

十勝平野を過ぎ、白糠丘陵を越えると湿地帯の中を進んでいく。ここは白糠あたりまで続くパシクル湿原だ。帯広～釧路間で建設された釧路線はまず、釧路～白糠間が1901 (明治34) 年7月20日に開業した。音別、浦幌、豊頃、利別と順に延伸し、帯広まで開業したのは1905 (明治38) 年10月21日だった。写真は根室本線で最後まで残った普通客車列車の422レ。荷物車を連結するために遅くまで客車で運転された。
◎音別～尺別　1985 (昭和60) 年1月　撮影：matuno kura (PIXTA)

釧路で夏場に頻発する海霧の中を池田機関区所属のD60形36号機の牽引で終点釧路を目指すのは、多客期に運転されていた臨時夜行準急「オーロラ」。札幌～釧路間の運転で、札幌を21時20分に出て、釧路に8時8分に着くダイヤで、2等寝台と座席指定車を連結した編成。夜行急行「まりも」の補完列車で、1966 (昭和41) 年1月の運転以降、設定はなくなり代わりに臨時の「まりも」が運転されていた。
◎大楽毛付近　1964 (昭和39) 年8月1日
　撮影：西原博

1960 (昭和35) 年9月から1964 (昭和39) 年12月にかけて行われた駅施設の改良工事により築42年に達していた駅舎は民衆駅へ建て替えとなった。同時に各ホーム間を結んでいた跨線橋は撤去され、地下道に改められた。この際に造られたのが現在の駅舎と地下道だ。
◎釧路　1977 (昭和52) 年6月27日
　撮影：安田就視

48

釧路は道東の拠点駅で、この一帯には釧路鉄道管理局や機関区、客貨車区、操車場、工場なども置かれていた。路線としては国鉄の根室本線と社線の雄別鉄道だが、隣の東釧路で分岐する釧網本線や釧路臨港鉄道からの乗り入れもある。また国鉄釧路工場や機関区、客貨車区、操車場、貨物駅などは開業から1917年まで当駅があった浜釧路にあったが、これを廃止すべく1953 (昭和28) 年頃から1996 (平成8) 年に段階的に新富士〜釧路間へ移転された。写真は早朝の釧路駅に到着した急行「まりも」。
◎釧路　1987 (昭和62) 年2月　撮影：安田就視

かつて釧路駅は貨物の下り仕分け線が釧路駅構内に、上り仕分け線が浜釧路駅構内にある複雑な形になっていた。また輸送量の増加もあり、1958（昭和33）年から貨物関係の改良工事が行われた。これにより新富士～釧路間に釧路駅構内扱いの釧路操車場が1960（昭和35）年に完成。こちらへ集約されることとなった。釧路の構内入換は8620形などがおこなっていた。
◎釧路　1965（昭和40）年6月　撮影：長谷川明

道東の拠点である釧路機関区は釧路線開業時に釧路機関庫として開設された。当初は後の浜釧路となる初代釧路駅の位置にあったが、1953（昭和28）年3月に一足先に新富士～釧路間の新釧路川近くへ移転した。根室本線や釧網本線、標津線で運用されてる蒸気機関車やディーゼル機関車、気動車などが所属していた。現在は釧路工場や釧路客貨車区と統合され、釧路運輸車両所となっている。
◎釧路機関区
　1971（昭和46）年
　撮影：柳川知章

釧路駅を出ると根室本線と雄別鉄道雄別本線との間には貯木場など専用線がいくつか敷かれている。釧路界隈で特に大きな貯木場は釧路川の右岸に設けられており、雄別鉄道の新釧路駅から延びる水面貯木場線という専用線で輸送されていた。
◎釧路～東釧路　1973（昭和48）年3月4日　撮影：安田就視

釧路を出ると釧路川橋梁を渡る。1914（大正3）年8月に着工された釧路～根室間の根室線は、まず1917（大正6）年12月1日に釧路～厚岸間が開通。1919（大正8）年11月25日には厚岸～厚床間が、1920（大正9）年11月10日には厚床～西和田間が開業した。最後の区間となる西和田～根室間は1921（大正10）年8月5日に開業して全通。この際に根室本線となった。
◎釧路～東釧路　1973（昭和48）年3月3日　撮影：安田就視

気動車不足を解消するため1960（昭和35）年に客車であるオハ62形に運転台とエンジンを取り付け両運転台の気動車として登場したキハ40形。またオハフ62形に同じく運転台やエンジンを取り付け片運転台の気動車へ改造したキハ45形も登場した。1962（昭和37）年までにキハ40形が3両、キハ45形が5両が改造され、道内のローカル輸送で活躍。最初にキハ40・45形を名乗った車両で、晩年はキハ08・09形へと改番された。写真は別保駅に停車するキハ45形。
◎別保　1963（昭和38）年8月1日　撮影：西原博

それまで海から離れた位置を走っていた根室本線だが、門静〜厚岸間では厚岸湾沿いの海岸段丘の下を海と挟まれた僅かな空間を走る。門静は釧路界隈の根室本線や釧網本線などで使われる道床用バラストの出荷駅で、駅の北側に位置する砕石場へ向かって専用線がかつては延びていた。
◎門静〜厚岸　1973（昭和48）年3月5日　撮影：安田就視

尾幌原野へやってきたC58形牽引の貨物列車。釧路〜根室間では釧路機関区所属のC58形が1974(昭和49)年7月の無煙化まで活躍した。デフレクターを跨ぐようにして設置されたツララ切りが特徴的だ。釧路から先の根室本線は丘陵地帯や原野、湿原など自然環境に起伏の富んだ路線であった。
◎別保〜上幌延　1972(昭和47)年10月25日
　撮影：安田就視

釧路～根室間の主要駅である厚岸。構内には釧路機関区厚岸機関車駐泊所が置かれていたが、釧路～厚岸間の区間列車が気動車化されたことで1966(昭和41)年3月に廃止された。また根室と共に魚介類の出荷が多く、当駅から厚岸港にある浜厚岸駅まで1.2kmの専用線が敷かれていた。
◎厚岸　1982(昭和57)年6月27日
　撮影：安田就視

厚岸を出ると線路は厚岸湾から続く汽水湖の厚岸湖の湖岸に敷かれ、そのまま別寒辺牛川と支流のチライカリベツ川一帯に広がる別寒辺牛湿原へと入る。1993（平成5）年にラムサール条約登録湿地となった湿原の中に線路は築堤を築いて敷かれており、道東の大自然の中を進んでいく。
◎厚岸〜糸魚沢　1974（昭和49）年1月14日　撮影：林嶢

酪農が盛んな根釧台地を通る根室本線は、線路沿いに多くの牧場の放牧地が広がる。C58形が道内で初めて配置されたのは釧路機関区で、1938（昭和13）年のことだった。以降、無煙化まで長らく根室本線、釧網本線で活躍した。
◎撮影地不詳　1979（昭和54）年11月4日　撮影：安田就視

姉別を過ぎると旧釧路国から旧根室国の国境を越える。厚床では標津線が分岐しており、釧路機関区厚床支区（後に標茶機関区厚床駐泊所）が置かれていた。写真は根室行きの貨物列車で、後ろから4両目には2軸車として日本で一番長かったコラ1形が連結されている。
◎厚床～初田牛　1973（昭和48）年3月5日　撮影：安田就視

日本最東端の駅として知られる東根室は、1961（昭和36）年2月1日に花咲～根室間へ設置された。当初は仮乗降場であったが、同年9月1日に正式な駅となった。なお、同駅開業までは根室が最東端の駅だった。また1929（昭和4）年～1959（昭和34）年までの日本最東端の駅は根室拓殖鉄道の終点 歯舞駅で、根室半島を更に東へ10km以上先にあった。
◎東根室　1973（昭和48）年10月　撮影：安田就視

根室本線の終点の根室。ホームは駅舎に面した1面1線だけであるが、構内には根室客貨車区や貨物設備などが広がる。駅舎は1959（昭和34）年に改築されたもので、現在も同じ駅舎が使われている。また写真右側には給水塔が見える。
◎根室　1973（昭和48）年10月7日　撮影：安田就視

根室からは、かつて漁港などがある根室港駅へ続く約2kmほどの貨物線が延びていた。戦中までは千島列島への貨物を逓送していたが、戦後は魚介類などを出荷する貨物駅として機能した。しかし1965（昭和40）年に廃止となり、以降は写真左側のように根室駅で積み込まれるようになった。
◎根室　1979（昭和54）年11月4日　撮影：安田就視

貨物がまだ活発だった頃の根室駅全景。構内には大量の貨車がたむろする。写真中央付近に冷蔵貨車のレム5000形が留置されいるが、これは根室港で水揚げされた新鮮な魚介類を各地へ運ぶため。釧路まで運ばれた後に再組成され東京まで一気に運ばれるケースもあった。根室駅の貨物扱いは1984(昭和59)年2月で廃止された。
◎根室　1979(昭和54)年11月4日　撮影:安田就視

広尾線

帯広から十勝平野を太平洋に向かって南側へ進む広尾線。農業が盛んな一帯に鉄路が敷かれたのは1929（昭和4）年11月2日で、最初は帯広～中札内間（28.1km）が開業した。その後、1930（昭和5）年10月10日に中札内～大樹間（32.4km）を延伸。広尾まで全線開通したのは1932（昭和7）年11月5日だった。
◎石坂～大樹　1979（昭和54）年11月5日　撮影：安田就視

広尾線沿線は開拓地が多いため、アイヌ語由来ではない地名も多い。愛国はその一つで、この地に入植した開拓団の愛国青年団に由来する。1973（昭和48）年にNHK「新日本紀行」で幸福駅が紹介されるとブームとなり「愛の国から幸福へ」という謳い文句で両駅間の乗車券は放送翌年の1974（昭和49）年から1987（昭和62）年の廃止までに1300万枚売れたという。写真は駅舎建替前の木造駅舎時代だ。
◎愛国
　1975（昭和50）年5月28日
　撮影：安田就視

幸福駅ブームの中心的な駅であった幸福は、1956(昭和31)年に大正～中札内間へ設置された駅で、ホームは1面1線。元々は幸震という地名であったが、福井県からの入植者が多いことから、幸福となった。また「愛国～幸福」以外にも「大正～幸福」などの乗車券も売れたようだ。現在、保存されている駅舎は2013(平成25)年に建て替えられたもので、写真の駅舎とは見た目は似ているが違うものだ。
◎幸福　1980(昭和55)年7月20日　撮影：安田就視

十勝唯一の港湾である十勝港のすぐそばにある終点の広尾。広尾から先は日高本線の様似まで結ぶ路線の構想もあったが実現せず、鉄道の先行路線という形で国鉄バス日勝線が開業した。しかし広尾線は第二次特定地方交通線に指定され、帯広～広尾間(84.0km)は1987年2月2日に廃止となった。
◎広尾　1979(昭和54)年11月5日　撮影：安田就視

広尾線では長らく帯広運転区(池田機関区帯広支区→帯広管理所)の8620形が運用に就いていたが1970(昭和45)年に引退。その後は士幌線と同じく9600形が貨物列車などを牽引していた。1975(昭和50)年の無煙化後はDE10形などがその任についたが貨物輸送は1982(昭和57)年9月10日に廃止された。
◎中札内～更別　1973(昭和48)年3月1日　撮影:安田就視

士幌線

広尾線とは反対に帯広駅から北へ向かって延びていた士幌線。1925（大正14）年12月に帯広～士幌間（30.1km）が開業。翌年に士幌～上士幌間（8.3km）が延伸した。上士幌以北は音更線という工事路線名で建設され、1935（昭和10）年11月26日に上士幌～清水谷間（10.4km）、1937（昭和12）年9月26日に清水谷～糠平間（10.3km）、1939年11月18日に糠平～十勝三股間（16.9km）が開業し、全長78.3kmの士幌線は全通した。しかし、第二次特定地方交通線に指定され1987（昭和62）年3月23日に廃止となった。
◎萩ヶ岡～清水谷　1981（昭和56）年10月16日　撮影：安田就視

十勝平野を音更川に沿うように敷かれた士幌線だが、帯広市街地の北端では十勝川を渡る。広尾線と同じ丙線規格であるが、山へ向かい急勾配区間もある士幌線は9600形が活躍した。士幌線の貨物列車は1978（昭和53）年に帯広～上士幌間に短縮され、1982（昭和57）年11月15日まで運転されていた。
◎帯広～木野　1973（昭和48）年3月2日　撮影：安田就視

糠平ダムの建設に伴い、黒石平〜幌加間は1955（昭和30）年8月1日にダムを迂回した新線へ振り替えられた。これにより線路は山の高い位置を通るようになり、開業時からのコンクリートアーチ橋などがダムの手前やダム湖内に多く残されることとなった。有名なタウシュベツ川橋梁もこの一つで、糠平〜幌加間に架けられていた橋だ。写真は新線切り替え後に糠平湖の湖畔を走るキハ22形だ。
◎黒石平〜糠平　1981（昭和56）年10月16日　撮影：安田就視

士幌線の終点 十勝三股。士幌線は石北本線上川まで延伸する計画であったが、当駅まで建設された。構内には給水塔や転車台などもある駅だった。1978 (昭和53) 年12月に原木輸送などの貨物扱いが終了すると、その5日後には糠平〜十勝三股間は列車の運行が休止となりバス代行輸送が1987 (昭和62) 年の路線廃止まで行われていた。
◎十勝三股　1973 (昭和48) 年10月5日　撮影：安田就視

釧網本線

根室本線の東釧路から石北本線の網走を結ぶ釧網本線。釧路側と網走側の双方から建設が行われ、網走側は網走本線として網走〜札鶴（現 札弦）間、釧路側は釧網線として東釧路〜川湯間が建設された。その後、1931（昭和6）年9月20日に川湯〜札鶴（現 札弦）間が開業すると両線が繋がり、東釧路〜網走間（166.3km）の釧網線（現 釧網本線）となった。
◎茅沼〜塘路　撮影：岩堀春夫

当初は厚岸～網走間を結ぶ予定であったが、釧路が発展したことから釧路起点へと変更された。東釧路から五十石あたりまでは大半が釧路湿原の縁を沿うように線路が敷かれた。これは湿原のため軟弱な地質などを避けるためであったが、冬季は地盤面の氷結などで隆起が起きたりと工事は苦労したようだ。
◎五十石～標茶　1973（昭和48）年3月6日　撮影：安田就視

標茶は支線区の標津線との分岐駅。標津線の前身である計根別線が開業したことで、釧網線は釧網本線へと改称された。両線は駅を出ると網走方でしばらく並走している。写真は網走行きのキハ53形500代で、キハ56形を1986（昭和61）年に両運転台改造したもの。急行の増結の他、普通列車でも使われた。
◎標茶　1987（昭和62）年2月　撮影：安田就視

道東に最初に敷かれた鉄道は1887(明治20)年に跡佐登(川湯)から標茶精練所までの38.6kmほどの硫黄輸送用の釧路鉄道であった。しかし1896(明治29)年に硫黄鉱山の休山により路線は休止され放置された。標茶〜弟子屈間の建設時にその路盤を半数近く転用している。
◎南弟子屈〜弟子屈　1973(昭和48)年10月9日　撮影:安田就視

釧路から釧路川沿いを走ってきた釧網本線は弟子屈を過ぎると、徐々に川から離れていく。写真は弟子屈駅を出てすぐ網走方の築堤であるが、この付近から源流である屈斜路湖へと進路を変える。弟子屈〜美留和間は釧路鉄道とは異なったルートで敷かれた。
◎弟子屈〜美留和　1965(昭和40)年6月　撮影:長谷川明

71

釧路と網走のほぼ中間に位置する弟子屈は野上峠越えの釧路側の拠点駅で、標茶機関区の駐泊所もあった。写真の列車は弟子屈駅に入線するC58形390号機牽引の上り混合列車。釧網本線の混合列車は1984（昭和59）年2月まで運行されていた。
◎弟子屈　1974（昭和49）年3月2日　撮影：林嶢

川湯〜緑間は国境の野上峠があり、ピーク付近にある分水嶺の釧北トンネルで峠を越える。この峠に向かって川湯、緑の双方から25‰の上り勾配があり、弟子屈〜緑間で補機が連結されていた。写真は川湯駅を出てすぐのC58形33号機牽引の混合列車。最後尾にDE10形が補機として連結し、硫黄山をバックにこれから峠に挑んでいく。
◎川湯〜緑　1974（昭和49）年3月3日　撮影：林嶢

閑散線区そこまでの輸送力が必要なく、レールバスのキハ10000（キハ01・02）形が製造された。それの北海道版として1956（昭和31）年に製造されたのがキハ10200（キハ03）形で、20両が製造された。道内各地で運転され、斜里（現 知床斜里）から分岐している根北線でも活躍した。その一部に釧網本線との直通列車があり、緑や網走と根北線の越川とを結んだ。写真は越川発網走行きの644D列車で、キハ03形のラストナンバー車だ。
◎藻琴　1964（昭和39）年8月1日　撮影：西原博

小清水～北浜にかけては小清水原生花園の中に線路が敷かれており、線路のすぐ近くにハマナスが咲き誇る。長らくC58形が牽引してきた貨物列車や混合列車だったが、1974（昭和49）年7月22日に無煙化され、以降はDE10形が牽引した。この付近を含む網走～札弦間は池田から延びる網走本線の一部として敷設された。
◎北浜～浜小清水　1980（昭和55）年7月17日　撮影：安田就視

冬季になるとオホーツク海沿いを走る斜里〜網走にかけては流氷が接岸する海岸のすぐ横を走る。流氷が接岸すると港は閉ざされ、海運が使えなくなる。そのため釧路港など流氷のこない他の港へと鉄道を利用して運ばれ、網走と釧路港を直結する釧網本線は特に重要なルートであった。
◎網走〜鱒浦　1973(昭和48)年3月8日　撮影：安田就視

標津線

厚床〜中標津、標茶〜根室標津を結んだ標津線。元々は大正末期から昭和初期に作られた殖民軌道根室線、標茶線、計根別線と並行するように建設された。これは殖民軌道の運賃が高いことや入植者の増加、輸送力が増えたことで賄いきれなくなり、住民による鉄道建設運動によって国有鉄道の建設が行われた形であった。簡易線で建設され、原野に敷設されている割にはカーブが多く、すり鉢地形を走る起伏の激しい路線となっている。
◎計根別〜当幌　1979(昭和54)年11月4日　撮影：安田就視

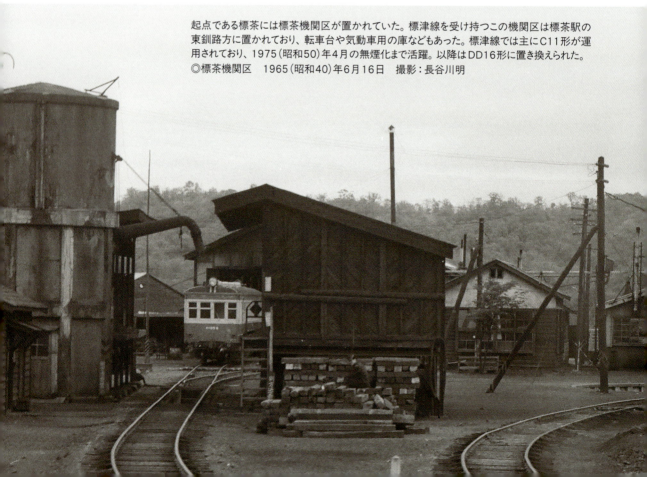

起点である標茶には標茶機関区が置かれていた。標津線を受け持つこの機関区は標茶駅の東釧路方に置かれており、転車台や気動車用の庫などもあった。標津線では主にC11形が運用されており、1975(昭和50)年4月の無煙化まで活躍。以降はDD16形に置き換えられた。
◎標茶機関区　1965(昭和40)年6月16日　撮影：長谷川明

標津線は本線と支線の2路線で構成されており、中標津で分岐していた。最初に開業したのは厚床〜中標津間 (47.5km) で1933 (昭和8) 年12月から1934 (昭和9) 年10月にかけて標津線として開業した。しかし計根別線の延伸と共に標津線が根室標津まで延伸すると従来の標津線は標茶からの路線と統合され、計根別線から名を変えた新たな標津線の支線となった。これと同時に根室本線の支線区だった標津線は、計根別線に合わせて釧網本線の支線区へと変更された。
◎厚床〜奥行臼　1973 (昭和48) 年3月5日
　　撮影：安田就視

標茶〜中標津〜根室標津間が本線とされているが、根釧台地の拓殖事業により後から建設された区間だ。1936 (昭和11) 年10月29日に計根別線としてまず、標茶〜計根別間 (31.9km) が開業した。その後、計根別線は計根別〜中標津間 (15.2km) が延伸開業。それと共に標津線中標津〜根室標津間 (22.3km) も開業した。営業時とは異なり、建設時は厚床〜中標津〜根室標津、標茶〜中標津という括りであった。
◎中標津〜上武佐　1973 (昭和48) 年10月9日　撮影：安田就視

標津線の終点 根室標津。国後島に近いこの駅は駅舎に面した1面1線のホームといくつかの貨物側線、転車台や給炭設備のある構内だった。また釧網本線斜里から延びていた根北線は当駅まで建設予定であったが越川以南は未成に終わっている。急行列車なども運転された標津線であったが、1984(昭和59)年に貨物営業を廃止、1989(平成元)年4月29日に廃止となった。
◎根室標津　1979(昭和54)年11月4日
　撮影：安田就視

石北本線

宗谷本線の新旭川から網走を結ぶ234.0kmの石北本線はいくつかの路線を繋ぎ合わせた路線だ。新旭川～遠軽間は石北線として、遠軽～北見間は湧別線、北見～網走間は池北線と一体であった網走本線として開業した。それぞれがメインルートの一部として建設され、時代の変化で形が変わっていった。全線通して石北本線となったのは1961（昭和36）年4月1日のことであった。
◎安国～生田原　1973（昭和48）年3月28日　撮影：安田就視

新旭川～遠軽間は双方から建設が進められ、まず1922（大正11）年11月に新旭川～愛別間が開業。1927（昭和2）年10月に遠軽～丸瀬布間が開業するとそれぞれ石北西線と石北東線へ改称された。徐々に延伸を繰り返し、1932（昭和7）年10月に最後の区間である中越～白滝間が開業し、全通した。
◎当麻～伊香牛　1972（昭和47）年8月7日　撮影：安田就視

中越〜上白滝間には北見山地を越える北見峠がある。難所として知られ開通したのは1932(昭和7)年10月のことだった。このうち上越〜奥白滝間には当時道内最長トンネルだった全長4329mの石北トンネルがある。トンネル内には峠のピークがあり標高は644.1m。峠は25‰の連続勾配が続いているため中越〜白滝では補機が連結されていた。そのため双方の駅には転車台と給炭水設備が置かれていた。

◎中愛別
　1972(昭和47)年8月7日
　撮影：安田就視

遠軽は名寄本線の分岐駅で、遠軽機関区も置かれた石北本線の主要駅だ。北見山地の北見峠を抜ける路線として石北線が全通すると旭川〜遠軽間は名寄本線経由よりも89.8kmも短縮となった。それと共に名寄本線を経由していた長距離列車や貨物列車は石北線経由へと変更された。
◎遠軽　撮影：さはんじ（PIXTA）

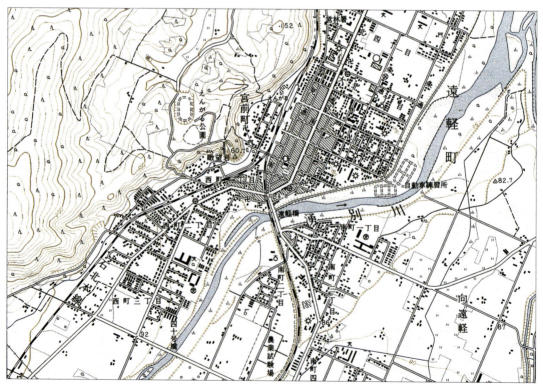

湧別線の途中駅であった遠軽。1927（昭和2）年に石北東線が開業すると分岐駅となった。この時は南北に通る湧別線が本線であり、石北東線は南西方向へと分かれていく分岐路線だった。この事情が変わるのは1932（昭和7）年の石北線全通時だ。これにより北見までのメインルートが変わり、遠軽を南北に通過するものから遠軽でスイッチバックするルートへと変わった。さらに名寄本線廃止により北へ向かう路線が消え、見た目までもがスイッチバック駅となったのだった。

遠軽～北見間は野付牛（北見）～下湧別（湧別）を結ぶ湧別線の一部として建設された。湧別線は中湧別から先は名寄本線に接続をし、上川とオホーツク海側を結ぶメインルートとして運行されていた。しかし最短ルートとなる石北線が開業するとメインルートが入れ替わり、野付牛（北見）～遠軽間は石北線へ、遠軽以北は名寄本線へと編入された。
◎遠軽　1972（昭和47）年7月29日　撮影：西原博

北見や網走から上川や札幌、本州へ向かうメインルートの石北本線には様々な優等列車が運転された。ヨンサントオと呼ばれる1968（昭和43）年10月1日のダイヤ改正以前は「大雪」「石北」「はまなす」「オホーツク」といった列車が函館本線から直通していたが、これらはいずれも「大雪」へと統合され、夜行も含めて5往復が運転された。しかし、徐々に特急化が進み昼行列車は1986（昭和61）年11月に廃止、夜行も1992（平成4）年に特急化されて急行「大雪」は消えた。
◎常紋信号場～金華
　1974（昭和49）年9月14日
　撮影：林嶢

湧別線は湧別軽便線として1912(大正元)年11月に野付牛(北見)～留辺蘂が1067mm軌間で開業。その延伸となる留辺蘂～社名淵(開盛)は建設コストを抑えるため762mm軌間で敷設され、1915(大正4)年11月に社名淵(開盛)まで開業した。橋梁などは改軌前提で、当初は一部を仮設とし他線からの流用品で賄っていたという。この区間は開業翌年の1916(大正5)年11月に1067mmへと改軌されている。
◎留辺蘂～金華　1972(昭和47)年10月22日　撮影:安田就視

生田原～金華間にある常紋峠。常呂郡と紋別郡の境にあり、分水嶺にはタコ部屋労働で問題になった常紋トンネルがある。トンネル内にピークがあり、標高は345.1m。これを境に双方とも25‰の勾配と半径300mのカーブが連続しており、北見峠に並ぶ石北本線の難所であった。
◎金華～常紋信号場　1973（昭和48）年3月28日　撮影：安田就視

ピークに位置する全長506.9mの常紋トンネルを抜けると常紋信号場がある。列車交換のために設置されたスイッチバック式の信号場で、山間のわずかな空間に設けられた。本線に沿うように敷かれた2線の着発線と常紋トンネルの脇から山の方へと延びる1線の折返線がある。通過列車はスルー運転できる構造で、通票授受のため常紋トンネルの網走方坑口すぐに短いプラットホームがあった。
◎常紋信号場　1970(昭和45)年　撮影:柳川知章

常紋峠越えでは生田原〜金華・留辺蘂間で補機が連結されており、生田原と留辺蘂には転車台や給炭水設備がおかれていた。蒸気機関車時代は9600形が補機運用に入っていたが、1970年代前半にDE10形に置き換えられた。P88の写真では既に後部補機はDE10形に置き換えられている。
◎常紋信号場　1970(昭和45)年　撮影:柳川知章

北見市街地の拡大により踏切が交通渋滞の原因になっていたことから、連続立体化が行われた。この事業では、北見駅を含めて高架方式にする案と踏切の集中する部分のみを地下化する案が検討され、北見市街地の地形的に工費が安くなることなどから地下化案が採用された。このトンネルは北見トンネルと呼ばれ、現行線の北側6.5mの位置に建設された。延長は2100mで、このうち1320mが地下区間で残りはシェルター区間となっており、トンネルは開削工法で建設された。これにより写真の国道39号線と交差する踏切を中心に9箇所が除去されている。また全国初の連続地下化事業でもあった。
◎東相ノ内～北見　1972(昭和47)年10月22日　撮影：安田就視

北見地方の中心地である北見。開業時は野付牛という駅名で、1942 (昭和17) 年7月に野付牛町が北見市へ市制施行されたことにより、同年10月に北見へと改称されている。池北線との分岐駅で、構内には北見機関区や北見客貨車区もある石北本線随一の拠点駅だ。機関区は扇形庫があり、石北本線の他に池北線や相生線、釧網本線まで受け持ち、C58形やD51形、9600形などが配置されていた。
◎北見　1972 (昭和47) 年　撮影：岩堀春夫

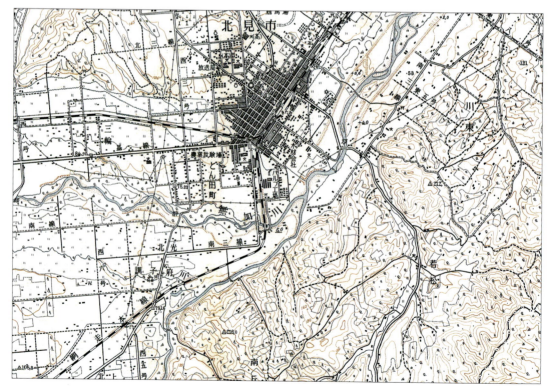

北見へ最初に路線が延びたのは、1911 (明治44) 年9月のことだった。当初は根室本線池田から延びる網走線 (後の網走本線) の駅だった。この網走本線から分岐する形で湧別軽便線 (後の湧別線) が開業し、1932 (昭和7) 年に石北線へと改称され、野付牛は網走本線と石北線の分岐駅となった。戦後、列車は旭川～遠軽～北見～網走の形で運行されていたが、石北線と網走本線の路線名は変わらなかった。地図はこの時代のものだ。これが実情に合う形で変更されたのは1961 (昭和36) 年4月1日のことで、分離された池北線は根室本線の支線となった。

急行「大雪5・6号」は札幌〜北見を結ぶ夜行急行で、1968(昭和43)年10月のダイヤ改正までは急行「石北」と呼ばれていた。寝台車やグリーン車、荷物車を連結しており、北見から先はそのまま網走まで普通列車へと変わり、通称"大雪くずれ"などとも呼ばれた。また北見ではDD51形からC58形への機関車交換が行われていた。JNRロゴ入りの後藤式デフがついたC58形33号機の牽引で北見を発車する。
◎北見　1974(昭和49)年9月17日　撮影:林嶢

1964（昭和39）年10月1日に石北本線最初の特急列車として登場した函館〜網走間を結ぶ「おおとり」。当初は滝川まで釧路行きと併結していたが、1970（昭和45）年10月からは単独列車として運転され、途中から食堂車も連結されるようになった。また1972（昭和47）年10月からは札幌〜網走間の「オホーツク」も走りはじめ、2つの愛称の特急が運行されるようになる。なお「おおとり」は1988（昭和63）年に札幌を境に「北斗」と「オホーツク」へと列車が分割され、廃止された。
◎女満別〜呼人
　1973（昭和48）年8月8日
　撮影：林嶢

第2常呂川橋梁を渡る1527レ通称"大雪くずれ"。この橋梁は開発局による常呂川の川幅を拡げる河川改修工事に際して、橋梁径間をこれまでの88.88mから、上流側に架け替えPC桁で399.04mとする工事が1969（昭和44）年から1971（昭和46）年にかけて行われた。石北本線は常呂川を1回しか渡らないが、第2なのは、網走本線時代の名残。常呂川の看板がある盛土は旧線の築堤跡だ。
◎端野〜緋牛内　撮影：岩堀春夫

野付牛（後の北見）〜網走間は1912（大正元）年10月5日に網走線（後の網走本線）として開業した。石北本線では唯一最初からメインルートだった区間だ。比較的平坦な区間を走っているが、美幌〜緋牛内間には標高67mの美野峠がある。ピーク付近に全長271mの緋牛内トンネルがある。この峠の勾配は10‰ほどと北見峠や常紋峠に比べれば急ではないが、この区間には大型蒸気機関車は入線しないため、重い列車では大変だったようだ。
◎女満別　1973（昭和48）年8月8日　撮影：林嶢

石北本線は北見までは旭川機関区や遠軽機関区、北見機関区のD51形で運用されたが、北見以東は基本的に北見機関区のC58形が使われていた。旭川〜北見間の無煙化は急行列車で1971（昭和46）年11月に行われたが、その他は徐々に置き換えられ1975（昭和50）年に無煙化された。また北見〜網走間も1975（昭和50）年7月まで客車列車も含めて蒸気機関車で運転されており、写真の1527レはまさに最晩年の写真だ。
◎女満別〜呼人　1975（昭和50）年5月23日　撮影：安田就視

石北本線の終点である網走。湧網線と釧網本線との接続駅だ。開業時の駅は現在より約800mほどオホーツク海側に進んだ網走川沿いにあったが、釧網本線全通後の1932（昭和7）年にスルー運転ができないため現在の位置へ移転し、旧駅は貨物駅の浜網走駅となった。写真の奥に停車中の郵便荷物車はスユニ61形500代で、北海道向けの車両で屋根に煙突が飛び出しているのが特徴だ。
◎網走　1982（昭和57）年6月23日　撮影：安田就視

相生線

石北本線の美幌と北見相生を結んでいた相生線。美幌〜北見相生間は1923(大正12)年3月に着工し、最初に美幌〜津別間(16.6km)が1924(大正13)年11月17日に開業。翌年の1925(大正14)年11月15日に津別〜北見相生間(20.2km)が開業し、36.8kmが全通した。
◎本岐〜北見相生　1973(昭和48)年10月10日　撮影:安田就視

計画では釧路と美幌を阿寒を経由して結ぶ釧美線とされた路線であった。釧路と北見を最短で結ぶ路線となるはずであったが、第一次世界大戦によって中断され、釧網本線の開業により意義を失い計画は頓挫した。なお一応は釧北峠の釧路側にも雄別炭礦鉄道として釧路〜阿寒〜雄別炭山まで鉄道が開業していた。
◎本岐　1981(昭和56)年6月29日　撮影:安田就視

美幌から網走川の上流へ向かうように南下する形で線路が敷かれた相生線。沿線の木材輸送などを目的に敷かれたこともあり、途中の津別や終点の北見相生は原木の出荷など木材の集積地であった。また終点から釧北峠まで12kmほどしかなく阿寒国立公園へのアクセス路線としても賑わった。
◎恩根～本岐　1981（昭和56）年6月29日　撮影：安田就視

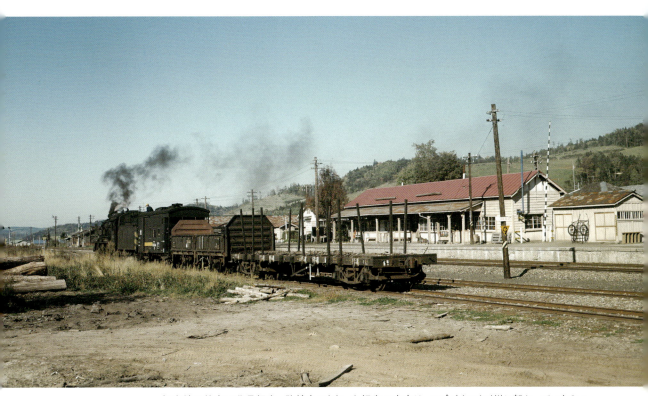

相生線の終点の北見相生。路線名にもなった相生の由来は、ヌプパオマナイ川に架かっていた2つの橋の間に道路開削に伴って「相生橋」という木橋を架けたことによるもの。地名ではなかったが、後に地名化されている。なお相生線は美幌、上美幌を除くすべての駅が津別町に位置している。
◎北見相生　1973（昭和48）年10月10日　撮影：安田就視

相生線の貨物列車は北見機関区の9600形が活躍していた。木材輸送の路線であったが、乱伐などにより1966(昭和41)年度には11万tあった木材輸送量が、1973(昭和53)年度には1万tまで減少。そのため1979(昭和54)年12月1日に貨物輸送は廃止され、路線自体も第一次特定地方交通線に指定され、1985(昭和60)年7月1日に廃止された。
◎本岐～北見相生　1972(昭和47)年10月22日　撮影：安田就視

池北線

根室本線の池田から野付牛（北見）を経由して網走方面へ延びていた網走本線の一部として開業した池北線。1907（明治40）年に着手され、1910（明治43）年9月22日に池田～陸別間（77.4km）が開業。翌年の1911（明治44）年9月25日に陸別～野付牛（北見）間が開業した。その後、網走本線は1912（大正元）年に網走まで全通した。
◎本別～仙美里
1979（昭和54）年11月2日
撮影：安田就視

全通以降は野付牛（北見）や網走への重要な幹線として活躍していたが、1932（昭和7）年10月1日に石北線の中越～白糠間が開通し、旭川～野付牛が直通できるようになるとメインルートはそちらに移った。1961（昭和36）年4月に石北線と網走本線の分離統合が行われ、旭川～北見～網走が石北本線、池田～北見を池北線と再編された。池北線は、この際に池田の「池」と北見の「北」を合わせる形で名付けられた。
◎1973（昭和48）年3月2日　撮影：安田就視

池北線の貨物列車は沿線の農作物や原木などの木材輸送が主であった。牽引は基本的には北見機関区のC58形や9600形であったが、池田〜陸別の区間列車などは池田機関区の9600形で運用された。
◎1973(昭和48)年10月6日　撮影：安田就視

1975(昭和50)年4月に無煙化されると、池北線の貨物列車はDE10形の牽引となった。しかし、木材資源の乱伐による資源枯渇などから輸送量は減少の一途を辿り、1984(昭和59)年2月1日に貨物輸送は廃止された。
◎撮影年月不詳　撮影：安田就視

池田～北見間（140.0km）に分離された池北線は徐々に利用客が減少し、1984（昭和59）年に第二次特定地方交通線に指定された。バス転換も含めて存続議論がなされ、1988（昭和63）年11月に第三セクター化による存続が決定した。1989（平成元）年6月3日に池北線は廃止され、翌日の4日より第三セクター鉄道の北海道ちほく高原鉄道ふるさと銀河線となった。
◎1981年（昭和56）年10月15日　撮影：安田就視

名寄本線

宗谷本線の名寄から下川、紋別を経由して石北本線の遠軽を結ぶ名寄本線。名寄〜遠軽間138.1kmの本線と中湧別〜雄別間4.9kmの支線から構成される。上川や道央圏とオホーツク海を結ぶ路線として建設され、名寄〜中湧別は名寄線、遠軽〜湧別は湧別線として開業した。
◎名寄〜上名寄　1974(昭和47)年9月14日
　撮影:林嶢

名寄〜中湧別間は名寄西線と名寄東線として双方から建設が進められた。1919(大正8)年に名寄〜下川間の開業にはじまり、1921(大正10)年10月の上興部〜興部間の開業により名寄〜中湧別間が全通。札幌から北見へ向かうルートは帯広、池田経由の南回りと名寄、遠軽経由の北回りの2ルートとなった。また名寄経由の北回りの方が約16kmほど短く、石北線開業までメインルートとして運行された
◎一ノ橋〜上興部　1973(昭和48)年3月30日　撮影：安田就視

上川からオホーツク側に抜けるルート上には分水嶺の北見山地が連なっている。名寄本線は一ノ橋〜上興部間にある標高293mの天北峠を越えていくルートで敷かれた。急勾配のこの区間では補機が連結され、峠の遠軽方にある上興部には補機の折り返し用に転車台や給炭水設備があった。
◎上興部
　1972(昭和47)年
　8月9日　撮影：林嶢

107

天北峠のピーク付近には25‰勾配や急曲線があり、貨物列車には一ノ橋〜上興部間で補機が連結された。一ノ橋には転車台がないため下りの一部列車では補機が逆向きで連結され、写真のような背合重連で運転されていた。また時折3重連で運転されることもあったという。
◎上興部〜一ノ橋
1972(昭和47)年8月9日
撮影：林嶢

名寄本線沿線で起点の名寄市を除いて唯一、市制施行している紋別市。名寄本線の急行列車は札幌〜名寄〜遠軽を結ぶ「紋別」の他、興部〜遠軽〜網走を結ぶ「天都」、旭川〜遠軽〜名寄の「オホーツク」などが運行されたが、同線内は普通列車扱いのものも多かった。1986（昭和61）年11月の急行「紋別」が廃止され、優等列車は姿を消した。
◎紋別　1977（昭和52）年　撮影：高橋義雄

興部～中湧別ではオホーツク海に沿いに敷かれていった。この地域は冬は流氷に覆われ、春先は融雪により道路がぬかるむため、鉄路は有利であった。また網走～稚内までのオホーツク海側を湧網線、名寄本線、興浜線、天北線といった鉄道で結ぶオホーツク海縦貫線構想もあったが、興浜線の一部が未成に終わったため実現せず、いずれの路線も廃止となった。
◎豊野～沙留　1981（昭和56）年10月12日　撮影：安田就視

名寄本線の貨物列車は全線で遠軽機関区の9600形。天北峠の補機や名寄～紋別間で名寄機関区の9600形で運転された。紋別などからの海産物や渚滑線からの木材が多かったようだ。1975（昭和50）年5月に無煙化されるとDE10形に置き換えられたが、1984（昭和59）年2月1日に貨物列車は廃止された。
◎元紋別～紋別　1974（昭和49）年2月5日　撮影：安田就視

湧別支線や湧網線が分岐する中湧別。遠軽～湧別間は野付牛(北見)～遠軽～湧別を結ぶ湧別線の一部として開業した。1915(大正4)年11月に湧別軽便線の一部として社名淵(開盛)まで762mm軌間で開業。翌年11月に1067mmへ改軌され、下湧別(湧別)まで開業した。その後、湧別線が中湧別で接続していた名寄本線に編入されると中湧別～下湧別(湧別)間は本線からオホーツク海に向けて突き出した支線へと変わった。晩年は名寄本線というよりは湧網線と一体で列車が運行されていた。
◎中湧別　撮影：西原博

名寄本線は名寄線の部として興浜南線、渚滑線、湧網線を支線に持つ本線であったが、支線区は1985(昭和60)年から1987(昭和62)年にかけていずれも廃止となり、残った名寄本線も第二次特定地方交通線に指定され、1989(平成元)年に廃止となった。本線が全線廃止された初のケースであった。
◎沙留～豊野
　1981(昭和56)年10月12日
　撮影：安田就視

渚滑線

名寄本線の渚滑から北見滝ノ上までを結んでいた渚滑線。沿線は豊かな森林資源に恵まれ、その木材を紋別港へ輸送するために敷設された。1920（大正9）年に着工し、1923（大正12）年11月5日に渚滑〜北見滝ノ上（34.3km）が開業した。
◎上渚滑〜中渚滑　1981（昭和56）年10月12日
　撮影：安田就視

渚滑から内陸へ向けて線路が延びていた渚滑線。渚滑川に沿うように敷設され、渚滑川を3回ほど渡っており、これを含めて全線で14の橋梁が架けられていた。また当初の計画では北見滝ノ上から先に延伸する計画もあったという。
◎濁川〜北見滝ノ上　1981（昭和56）年6月27日　撮影：安田就視

渚滑線の貨物列車は名寄機関区の9600形が牽引していたが1975(昭和50)年3月に無煙化され、以降はDE10形が牽引した。貨物輸送量は1966(昭和41)年度には約19万tであったが、トラック輸送への転換が進み1977(昭和52)年度には5000tまで減少していった。
◎滝ノ下～濁川　1972(昭和47)年8月8日　撮影：安田就視

木材輸送に依存した路線であった渚滑線は上渚滑や濁川、北見滝ノ上といった構内に貯木場や貯木場への専用線が延びる駅があり、アカエゾマツやトドマツなどが積み上げられていた。しかし1978(昭和53)年12月1日に貨物輸送が廃止。まもなく第一次特定地方交通線に指定され、1985(昭和60)年4月1日に廃止された。
◎北見滝ノ上　1981(昭和56)年6月27日　撮影：安田就視

深い雪に閉ざされる冬の北海道では車はあれど、未舗装の道路やタイヤの性能などから荷物の運搬には馬そりが有効だった。タイヤの改良や道路の整備が進むと急速に車へと流れて廃れていった。これは盲腸線のこの鉄路も同じであり、ともに消えていった過去の風景となった。
◎北見滝ノ上　1974(昭和49)年2月5日　撮影:安田就視

興浜南線・北線

名寄本線の興部から雄武、枝幸を経由して天北線の浜頓別までオホーツク海に沿って鉄道を敷設する興浜線が計画された。冬季は流氷に閉ざされ海運が機能しなくなる地域性から、物流の観点からも必要な路線であった。そこで両端の興部と浜頓別からそれぞれ線路を延ばす形で工事が始まった。
◎栄丘〜雄武　1981（昭和56）年10月12日　撮影：安田就視

興部からは、まず雄武までの工事が1933（昭和8）年より着手され、1935（昭和10）年9月15日に興浜南線として興部〜雄武間（19.9km）が開通した。しかし北への延伸がなかなか進まず、戦時下の1944（昭和19）年11月には不要不急線として休止路線となったが、戦後まもなくの1945（昭和20）年12月に復旧した。
◎栄丘〜雄武　1980（昭和55）年7月15日　撮影：安田就視

終点の雄武は転車台や貨物用の側線もある駅だった。駅から300mほど浜頓別寄りには雄武トンネルがすでに完成していたが、線路は繋がることはなく興浜南線は輸送量が減少の一途を辿り1984（昭和59）年2月に貨物が廃止。1985（昭和60）年7月15日に路線が廃止された。
◎雄武　1974（昭和49）年2月4日　撮影：安田就視

北側の浜頓別からは1933(昭和8)年に北見枝幸へ向けて工事が始められ、1936(昭和11)年7月10日に浜頓別〜北見枝幸間(30.4km)が興浜北線として開業した。その後、興浜南線と同じく戦時下の不要不急線に指定され休止。戦後の1945(昭和20)年12月に復旧している。
◎目梨泊〜斜内　1974(昭和49)年2月4日　撮影:安田就視

南線の雄武と北線の北見枝幸を結ぶ区間の工事は1966(昭和41)年5月に着工し、1980(昭和55)年度末開業を目指して工事が行われたが、国鉄再建法の施行により工事は凍結。約半数の路盤工事まで終えていたが、放棄された。南線と同じく北線も第一次特定地方交通線に指定され、興浜南線より半月早い1985(昭和60)年7月1日に廃止となった。
◎北見枝幸　1981(昭和56)年6月26日　撮影:安田就視

北神威岬を走る9600形牽引の貨物列車。興浜北線では南線と同様に名寄機関区の9600形が活躍していた。また冬は深い雪に覆われるこの路線ではDD14形などの大型のロータリー除雪機関車などが使われた。その際にオホーツク海へ向けて投雪することもあったという。
◎目梨泊〜斜内　1972（昭和47）年8月6日　撮影：安田就視

宗谷本線

旭川～稚内を結ぶ宗谷本線。宗谷まで向かう路線として1898(明治31)年8月12日に旭川～永山間が開業したのを皮切りに順次延伸がなされ、1903(明治36)年9月3日に名寄まで開業した。その後は日露戦争の影響もあり工事は中断されていたが、1909(明治42)年に再開。日本の領土となった南樺太への連絡路線の意味合いもあり、1911(明治44)年には音威子府まで開業している。その後は浜頓別を経由する天北線ルートで1922(大正11)年に稚内まで開業。1926(大正15)年に現行の幌延経由が天塩線として開業。1930(昭和5)年4月に宗谷本線へ吸収され、現在のルートとなった。
◎美深　1981(昭和56)年6月24日　撮影：安田就視

宗谷本線の起点は旭川だ。道北の拠点駅である。旭川駅の貨物着発両数は限界を超え、近隣駅へ留置したり岩見沢や名寄などに機能負担をする形となっていた。そこで宗谷本線の新旭川～永山間に新たに貨物操車場を整備することとなった。しかし、用地は確保したものの操車場は整備されず、代わりに貨物駅の北旭川駅が整備された。
◎旭川～旭川四条　1984(昭和59)年10月　撮影：安田就視

旭川～新旭川では石北本線の列車が乗り入れる。そのため列車本数が単線では限界を迎え、この区間の複線化と旭川市街地の激しい渋滞の原因となっている踏切解消のため旭川～新旭川間のうち1.2kmの連続立体化が1973(昭和48)年に行われた。山側に線増され、11ヶ所の踏切が除去された。写真は旭川構内はずれの高架橋から降りてきた区間だ。
◎旭川四条～旭川　1984(昭和59)年10月　撮影：安田就視

スポーク動輪が美しいC55形50号機が夕刻の第3石狩川橋梁を渡る。この橋梁では開発局による河川改修工事のため、橋梁径間89.02mだったものを15m上流へ架け替え346.7mとする工事が1964（昭和39）年から1967（昭和42）年にかけて行われた。これによりトラス橋からPC橋へと変わった。宗谷本線は1回しか石狩川を渡らないが、第3なのは函館本線からの通算によるものだ。また函館本線側も含めて3つの石狩川橋梁はほぼ同時期に橋梁架替工事を行なった。
◎北永山〜南比布　1974（昭和49）年8月　撮影：さはんじ（PIXTA）

蘭留〜和寒間には標高251mの塩狩峠がある。石狩国と天塩国の国境にあることから名付けられたこの峠に鉄路が敷かれたのは1899（明治32）年のこと。塩狩に信号場が設けられたのは1916（大正5）年で、1924（大正13）年11月に駅へと昇格している。写真は塩狩にて列車交換をするDD51形500代の前補機が連結された貨物列車とキハ22形200代の普通列車だ。補機はDL化前まで名寄機関区の9600形で運用されていた。
◎塩狩　撮影：林嶢

トンネルはなく、開けた印象のある塩狩峠。ピークにある塩狩から双方には20‰の勾配がある。線路は和寒へ向けては直線的な線形だが、蘭留方は半径300mカーブが続きハーフループ状の線形で高度を稼いでいる。その中でも塩狩駅手前の27kmポスト付近には半径195mのカーブが設けられており、道内でも特に急なカーブだ。
◎塩狩　撮影：岩堀春夫

旭川周辺の路線は豪雪線区が多く、旭川機関区や深川機関区などには除雪用機関車が数多く配置されていた。しかし積雪期以外は除雪の必要がなく、除雪装置を外して運用されており、DE15形はDE10形などと同様に使用し、DD14形は入換運転を主に使っていた。写真のDD53形は旭川機関区に1両だけ配置され、塩狩峠の補機として蘭留〜和寒間で運用されいた。
◎塩狩　撮影：岩堀春夫

DD53形はDD14形よりもパワーアップした最強のロータリー除雪機関車として新潟地区での運用を目的に開発され、1964（昭和39）年12月に登場した。3両製造され、道内には1号機が1965（昭和40）年12月に東新潟機関区から転属して名寄本線などで試験が行われた。その後、本格的に運用されたが、重く湿ったドカ雪の新潟とは違う北海道の雪質には合わず、1975（昭和50）年12月に北海道を去り新庄機関区へ転属した。
◎和寒～塩狩　撮影：岩堀春夫

C55形牽引の客車列車は晩年の1973(昭和48)年の時点で旭川〜名寄間の区間列車が1往復、旭川〜稚内間が1往復ずつ運転されていた。特に旭川〜稚内間の列車には郵便車が連結され、沿線各郵便局の郵便輸送を担っていた。また荷物車は本州からの航送車であった。そのため無煙化後も1986(昭和61)年の鉄道郵便廃止まで客車列車で運転され続けた。
◎士別　1972(昭和47)年7月29日　撮影：西原博

C55形の20〜40号機は製造当時の世界的な流線型ブームにのる形で、ボイラーや蒸気ドーム、動輪などをカバーで覆った流線型仕様で落成された。東海道本線などの優等列車を牽引していたが、メンテナンス性が悪いここから戦後に全機が通常の仕様に改造された。改造はされたもののドーム状のキャブ屋根など形状に当時の特徴が残っていた。宗谷本線のC55形は1973(昭和48)年から翌年にかけてC57形に置き換えられた。しかし宗谷本線の旅客列車自体が1974(昭和49)年12月に無煙化されたため、C57形の活躍した期間はごく僅かであった。
◎士別　1972(昭和47)年7月29日　撮影：西原博

南北に貫く宗谷本線とそこに名寄本線と深名線が合流するジャンクション駅である名寄。構内には機関区や客貨車区や多数の貨物仕分け線がある宗谷本線随一の拠点駅だ。宗谷本線の貨物列車は1952(昭和27)年頃から旭川〜名寄・音威子府間でD51形を使って運転されており、旭川〜北旭川の区間列車なども含めればかなりの列車本数であった。
◎日進〜名寄　1972(昭和47)年7月29日　撮影：西原博

美幸線が分岐する美深をキハ56形の急行「天北」が発車する。宗谷本線の急行は昼行列車では函館〜小樽〜稚内を結ぶ「宗谷」、札幌〜稚内間を天北線経由で結ぶ「天北」、旭川〜稚内間を結ぶ「礼文」がキハ56形で運行されていた。また夜行では客車列車で札幌〜稚内間を結ぶ「利尻」があった。また旭川〜名寄の区間列車もあり、こちらは「なよろ」という愛称で運転された。
◎美深　1981(昭和56)年6月24日　撮影：安田就視

天北線との分岐駅である音威子府。当初は天北線ルートで開業したが、1926（大正15）年に幌延経由の元ルートが開業した。音威子府〜稚内間を比べると天北線経由は151.6kmで、途中には12.5〜25‰の峠越え区間が存在した。しかし宗谷本線経由は130.1kmと短く、ほとんどが天塩川に沿って走るためほぼ平坦で、途中の勾配も10‰程度の区間が僅かにあるのみであった。
◎音威子府　1977（昭和52）年　撮影：高橋義雄

音威子府そばが有名な同駅であるが、現在の駅舎に建て替えられるまで蕎麦を提供する常盤軒はホーム上の建物で営業を行っていた。また音威子府駅は中川郡常盤村に位置しており、駅名の由来は字名であったが、1963（昭和38）年4月に常盤村は駅名の音威子府村へと改称された。また宗谷本線と天北線では音威子府で分割併合する列車が一部あった。
◎音威子府　1977（昭和52）年　撮影：高橋義雄

天塩川に沿うように敷かれた宗谷本線。名寄〜幌延間は川沿いの区間が特に多く、雄大な自然が望める風光明媚な路線であると共に、自然の猛威にも見舞われた。その一つが上雄信内〜雄信内間で、線路が天塩川の湾曲する部分にあり1961(昭和36)年から1962(昭和37)年にかけて相次いで雪崩や地滑りが発生。そのため線路を川沿いから山の中に移設する工事が行われ、延長1256mの下平トンネルが開通した。これが現在の宗谷本線唯一のトンネルで、天北線分離後からトンネル開業の1965(昭和40)年まで旭川〜稚内間にはトンネルが一つもなかった。
◎1974(昭和49)年8月2日　撮影：西原博

音威子府以北はD51形が入線しないため、このあたりの宗谷本線の貨物列車は名寄機関区や稚内機関区の9600形が牽引していた。貨物列車が無煙化されたのは1975（昭和50）年のことで、以降は名寄機関区のDE10形が牽引した。また全線の旅客列車や名寄以南の貨物列車は旭川機関区のDD51形が牽引していた。
◎豊富〜下沼　1973（昭和48）年4月3日　撮影：安田就視

延長259.4kmと長い距離を走る宗谷本線だが、天塩川沿いの谷間を長く走るため日本海が見える区間は抜海から南稚内にかけての僅かな区間だけだ。この区間では天候が良ければ利尻富士も望める。写真は9600形牽引の貨物列車。宗谷本線名寄〜稚内の貨物列車は1984(昭和59)年2月1日に廃止された。
◎南稚内〜抜海　撮影:sannkou(PIXTA)

宗谷線の終点 稚内として開業した南稚内。1939(昭和14)年2月に現在の駅名に改称され、現在の位置には1952(昭和27)年に移転してきた。天北線との分岐駅で、先に開業した元宗谷線の天北線の方が駅へ直線的に入る線形になっている。跨線橋のある日本最北の駅で、当駅の稚内方には日本最北の車両基地である稚内機関区や稚内客貨車区などが設けられており、転車台や扇形庫などがあった。
◎南稚内　撮影:岩堀春夫

日本最北の駅 稚内。宗谷海峡を挟んだ先の南樺太にある大泊までの稚泊航路線の運行が1923(大正12)年5月1日より開始された。しかし、当時の宗谷本線の終点は現在の南稚内駅より北に1kmほど進んだ辺りに設けられていた。それでは乗り換えが不便なため1928(昭和3)年に現在の稚内駅の位置へ稚内港駅が延伸開業。1938(昭和13)年12月1日には、さらにその先の桟橋に設けられた稚内桟橋駅が開業した。この駅は北防波堤ドーム付近に開設され、ホームはドームのすぐ手前に設置され、貨物保管庫や連絡待合室なども用意されていた。稚泊航路は1945(昭和20)年8月20日をもって休止された。
◎稚内　1974(昭和49)年2月3日　撮影：安田就視

鉄道開業と共に稚泊航路の連絡地として栄えた稚内。今や1面1線の棒線駅となってしまった同駅だが、線路は今より北側へ広がっていた。その線路は戦後もかつて稚内桟橋駅があった北防波堤ドームまで敷かれていた他、荷物ホームも駅の北側に設けられていた。また港への専用線も構内延びていた。
◎稚内
　1963(昭和38)年7月29日
　撮影：西原博

かつての稚内駅は1面2線の島式ホームと多数の貨物側線が広がっていた構内。一番駅舎側の線路は主に普通列車。2番線は優等列車が使用していた。しかし2010（平成22）年に2番線が使用停止され、棒線駅化。1番線は構内踏切の写真手前側に車止めが設置された。写真撮影位置は現在の駅舎の改札口付近に位置する。
◎稚内　1974（昭和49）年2月3日　撮影：安田就視

美幸線

美幸線の美幸とは、美深と枝幸からとられたもので、宗谷本線美深から天北線北見枝幸を結ぶ約79kmの路線として計画され、オホーツク海側から旭川・札幌へバイパスする路線とされた。まず美深〜仁宇布間(21.2km)を先行して工事が進められ、1964(昭和39)年10月5日に開業した。
◎東美深〜辺渓　1980(昭和55)年7月15日　撮影：安田就視

仁宇布から北見枝幸にかけては途中のトンネルでの難工事などもあり、当初の開業予定から大幅に遅れていたが仁宇布〜北見枝幸の全区間で路盤工事は完成。あとはレール敷設と駅舎の建設だけの状態で1980年に国鉄再建法により工事凍結となった。また北見枝幸側では歌登まで歌登町営軌道があったが、美幸線の建設促進のため1970(昭和45)年に営業休止となり、翌年に廃止していた。
◎仁宇布
　1974(昭和49)年
　2月3日
　撮影：安田就視

北見枝幸まで全通することで、路線の役割を発揮するバイパス路線の部分開業では利用客は極めて少なかった。そのため1972(昭和42)年度の営業係数が全国最悪となり「日本一の赤字路線」などと呼ばれ、逆にこれをアピール材料としていたほどだった。
◎美深　撮影：リュウタ(PIXTA)

美幸線の終点は仁宇布。ここから先、北見枝幸まで線路が延びる予定であった。また美深から当駅までは元々殖民軌道があったが、美幸線開業前年の1963(昭和38)年に廃止された。貨物扱いもあったが、旅客ともども減少の一途を辿り第一次特定地方交通線へ指定。1985(昭和60)年9月17日に廃止された。
◎仁宇布　撮影：リュウタ(PIXTA)

天北線

天北線は宗谷本線の一部として1914（大正3）年から順次開業をし、1922（大正11）年11月に稚内（南稚内）まで全通した。しかし1926（大正15）年に音威子府〜幌延〜稚内（南稚内）の天北線が開業。4年後の1930（昭和5）年には幌延経由の天北線は宗谷本線に組み込まれ、音威子府〜浜頓別〜南稚内は北見線として分離された。これは大部分が北見国に位置するからであった。北見線は1961（昭和36）年4月には石北本線の野付牛が北見へ改称されたこともあり、路線名を天北線へと改称した。
◎声問〜恵北　1982（昭和57）年6月21日　撮影：安田就視

旭川〜宗谷間の鉄道として計画された宗谷本線の音威子府以北は幌延経由と浜頓別経由で比較検討がなされた。沿線人口や勾配や距離などを考えれば、当然ながら幌延経由だった。しかし幌延経由では天塩川の水運が使えるが、浜頓別経由は交通未発達な開拓地で、こちらを優先するといった政治的圧力などがあり、頓別地区を経由する形で敷設された。
◎松音知〜敏音知　1972（昭和47）年8月6日　撮影：安田就視

天北線の貨物列車は、沿線で出荷される材木や馬鈴薯、海産物輸送の他に、曲淵や猿払といった天塩炭田の炭鉱から採掘される石炭輸送も行われていた。しかし、石炭事業の衰退や木材の乱伐などで輸送量は激減し、1984（昭和59）年2月1日に貨物輸送は廃止されている。
◎猿払　1974（昭和49）年2月4日　撮影：安田就視

天北線の途中駅では数少ない街が広がっていた浜頓別。オホーツク海に程近いこの駅は興浜北線も分岐し、機関車駐泊所もある天北線では大きな駅であった。メインルートから外れた天北線は過疎化などもあり利用客が減少。駅の無人化や構内の簡略化などが進められた。
◎浜頓別　1981（昭和56）年6月25日　撮影：安田就視

優等列車は札幌〜稚内間を結ぶ急行「天北」があり、廃止直前まで運転されていた。キハ56形の時代が長かったが、1985（昭和60）年3月からは14系化され、さらに最晩年はキハ400形が使われた。天北線は1982（昭和57）年には第二次特定地方交通線に指定されたが、全長148kmもある長大線区のため廃止は保留となった。2年ほど国が赤字を補填して運行したものの1989（平成元）年5月1日に廃止された。
◎声問〜南稚内　1982（昭和57）年6月21日　撮影：安田就視

深名線

深名線は雨竜川流域の木材輸送を目的に建設された路線で、雨竜線として最初に深川～多度志間(14.0km)が開業した。順次延伸され、1931(昭和6)年に添牛内まで延伸された直後に幌加内線へと改称。翌年に朱鞠内まで開業した。当初は深川～幌加内～朱鞠内～音威子府の予定で建設されていたが、空襲時の宗谷本線のバイパス線として朱鞠内～名寄(43.0km)の名羽線が1935(昭和10)年より建設され、1941(昭和16)年に開業すると幌加内線と合わせて深名線と改称されている。
◎幌成～多度志 1982(昭和57)年3月27日 撮影:安田就視

深川には深川機関区が設けられていた。ここは滝川～旭川開業時に旭川機関庫深川給水所として開設されたのがはじまりだ。函館本線深川～滝川や留萌本線、朱鞠内以南の深名線、札沼線の石狩沼田～浦臼の機関車や気動車を受け持っており、羽幌線用として留萌に支区を持っていた。
◎深川 1969(昭和44)年8月 撮影:長谷川明

当初は全線を通しで運転する列車も運行されていたが、1962（昭和37）年に廃止。以降は朱鞠内で分断する形となり深川〜朱鞠内、朱鞠内〜名寄間の区間列車が運行され、それぞれ深川機関区と名寄機関区の気動車で運転された。また貨物列車も運転されていたが、こちらは朱鞠内で列車番号が変わるものの全線で名寄機関区の9600形の牽引だった。1975（昭和50）年に無煙化されると同区のDE10形に置き換わったが、1982（昭和57）年11月1日に廃止された。
◎鷹泊〜牛沼　1973（昭和48）年10月11日　撮影：安田就視

雪深い路線の上、輸送密度が低く赤字続きであったため、廃止候補であった。しかし冬季の並行道路が未整備であることから特定地方交通線の候補からは外された。その後、並行道路が完成すると廃止論争が再燃。1995（平成7）年9月3日に全線が廃止となった。
◎朱鞠内〜添牛内
　1973（昭和48）年10月11日
　撮影：安田就視

深名線で特に難工事であった第三雨竜川橋梁。ポンカムイコタン渓谷に架けられたこの橋は1928（昭和3）年に着工され、道内で初めてケーブルエレクション工法で施行された。全長100.97mの橋梁の中央部に架かるトラス部は45.7mの下路プラットトラス桁。その両側には12.9mの上路プレート桁がそれぞれ2連ずつ架けられている。廃止後は土木学会選奨土木遺産に指定され、現在も保存されている。
◎政和〜雨煙別　1981（昭和56）年10月9日　撮影：安田就視

留萌本線

函館本線の深川から留萌を経て増毛までを結んでいた留萌本線。全長は66.8kmと本線としては筑豊本線の次に短い路線であった。小樽の補助的な港として開港した留萌の築港事業と一体で鉄道建設が進められ、留萌港の輸送路線という立ち位置として建設され、最初に深川～留萌間が1910(明治43)年11月23日に開業した。また留萌線の部として羽幌線を支線に収めていた。
◎藤山～幌糠　1972(昭和47)年10月18日　撮影:安田就視

9600形の置き換えとしてD51形の軸重軽減車として登場したD61形。羽幌線に投入されたが、直後に留萌～築別間の軌道強化がなされた。これによりD51形も入線可能となり、D61形の役どころはほぼなくなった。晩年は深川機関区でD51形と共通運用が組まれていた。
◎恵比島～峠下
　1972(昭和47)年10月18日
　撮影:安田就視

D61形の特徴はなんといっても、従台車をD51形の1軸から2軸へと変更した点だ。2軸となった従台車はよく目立つ。動輪軸重を軽減し全機が留萠機関区へ配置され羽幌線へ投入された。しかし、軸重が軽いためD51形に比べて空転しやすく運転しやすい機関車ではなかったようだ。
◎深川機関区　撮影：岩堀春夫

留萠本線は主に留萠港への貨物輸送を目的としていた。空知炭山や雨竜炭山で産出された石炭や沿線で産出された木材などを留萠港へ輸送する一方、留萠港から燃料や資材などを旭川など内陸部へ。また水揚げされた海産物を大量消費地へ輸送していた。しかし、石炭事業の衰退やニシンの乱獲などもあり貨物輸送は減少していった。なお留萠港は現在も上川・空知地方の重要な港であり、その輸送はトラックへと変わった。
◎深川　撮影：岩堀春夫

秩父別〜石狩沼田間には雨竜川橋梁がある。延長99mのこの橋はアメリカンブリッジ製200ftのピン結合シュウェードラートラス桁の両側に60ftと50ftの上路プレート桁で構成されていた。しかし雨竜川改修工事により川幅を拡げるため、下路平行弦ワーレントラス桁5連からなる延長252mの橋が下流側へ架けられ、その前後の区間も含めて1978（昭和53）年10月26日に線路が切り替えられた。
◎秩父別〜石狩沼田　1972（昭和47）年10月18日
　撮影：安田就視

石炭満載で1800tもある特に重い列車は途中の恵比島～峠下間にある石狩国と天塩国の国境である
恵比島峠に備えて、深川～留萠間で後部補機を連結して運転された。編成も貨車だけで330m以上と
長く本務機から後部補機へ汽笛合図が聞こえないこともあったようだ。
◎撮影：岩堀春夫

恵比島峠は標高が89mほどだが、ピークから直線距離で3kmほど離れた峠下の標高は34mで、
約55mほどの標高差がある。そのため線路はΩループで標高を稼いでおり、ピークから峠下までは
鉄路だと約5.5kmほどかけている。またピーク付近には恵比島トンネル（L=272.44m）と峠下トンネル
（L=328.11m）という2つのトンネルがあるが軟弱な地質で難工事だったという。
◎峠下～恵比島　1973（昭和48）年4月1日　撮影：安田就視

当初計画から増毛までの路線であった留萌本線。留萌までの開業後に増毛線という名目で建設された。着工は留萌開業から9年ほど経った1919(大正8)年6月で、1921(大正10)年11月5日に開業した。線路は昆布の干場など漁業施設を避けるため、なるべく海岸から少し離れた山裾に敷かれていた。
◎礼受〜瀬越　1982(昭和57)年6月21日　撮影：安田就視

終点の増毛はニシン漁で栄えた。貨物輸送が全盛の頃は側線も多くあったが、晩年は1面1線のホームと駅舎だけの寂しい構内だった。留萌本線は道路網の発達や石炭輸送の廃止や水産業の衰退、沿線人口の減少などがあり、留萌〜増毛間が2016(平成28)年12月5日に、石狩沼田〜留萌間が2023(令和5)年4月1日に廃止された。
◎増毛　1973(昭和48)年10月12日撮影：安田就視

羽幌線は1932（昭和7）年に開業した留萠〜羽幌間を結ぶ羽幌線と1937（昭和11）年に開業した幌延〜遠別間の遠別線、この2つの路線を結ぶべく1941（昭和16）年12月に羽幌〜築別、1958（昭和33）年10月に全線が開通した羽幌〜遠別間の遠羽線の3つが合わさって開業した。
◎1973（昭和48）年4月1日　撮影：安田就視

留萠～羽幌は羽幌線として開業した。留萠本線と分岐する留萠から羽幌にかけてはニシンなどの海産物の漁場のある港が点在するエリアであった。また冬季は海が非常に荒れるため陸上交通が必須であるが、それに恵まれない地域性から1923(大正12)年より着工された。留萠構内の羽幌線ホームと留萠本線ホームは貨物ヤードを挟んで遠く離れているが、開業からしばらくは留萠駅から深川よりに1kmほど離れた東留萠信号場より分岐していた。
◎三泊～留萠　1982(昭和57)年3月26日
撮影：安田就視

幌延～遠別間は天塩線として開業した区間。幌延～振老間では天塩川の下流域を渡っていた。天塩川を渡る橋は宗谷本線や深名線にもあるが、いずれも上流部の名寄付近で、下流域に架かる鉄道橋はここだけだ。冬季に結氷する天塩川は毎年春頃に解氷する。その際に大量の氷の塊が一気に下流域へ流れるため、橋脚の破損を防ぐ目的で大支間のトラス橋が架けられた。このトラス部は下路曲弦分格トラス橋と呼ばれるもので、支間は93m。この橋のあった場所に現在は道路橋の天塩大橋が架けられたため現存しないが、同一設計の橋として飯田線の万古川橋梁がある。
◎振老～幌延　1972(昭和47)年8月4日　撮影：安田就視

築別〜遠別間は橋梁やトンネルなどの工事中であった1942(昭和17)年に戦時下の経済統制法による資金・資材不足となり建設が中断されていた区間で、1953(昭和28)年に建設を再開し、1958(昭和33)年に全通した。この区間では着工前の1937(昭和12)年に北海道で最初の航空測量が行われた鉄道路線であった。
◎豊岬〜初山別　1982(昭和57)年3月27日　撮影:安田就視

羽幌線では元々9600形が貨物運用などを担っていた。石炭輸送などは1960年代にD51形やD61形に置き換えられたが、それ以外は無煙化まで黙々と9600形が使われていた。羽幌線の貨物列車は1984(昭和58)年2月1日に廃止されている。
◎天塩栄〜初山別　1973(昭和48)年4月1日　撮影：安田就視

築別からは築別炭山から産出される石炭を継走して留萌港へ輸送していた。D51形などを留萌～築別で運転していたため、築別駅には転車台も設置されていた。しかし1970年に閉山し、羽幌炭鉱鉄道も同時に廃止されると石炭輸送も終了した。写真は小平駅を通過する留萌機関区時代のD61形の重連貨物で、後ろの機関車はD51形だ。
◎小平　1963(昭和38)年7月30日
　撮影：西原博

羽幌線には札幌から直通する優等列車が運転されていた。それが急行「はぼろ」で、札幌～深川～留萌～羽幌～幌延を結んでおり、札幌～幌延間は宗谷本線経由よりも約40kmほど走行距離が短かったという。他にも旭川～留萌～幌延(羽幌線内は普通列車)を結んだ急行「るもい」や札幌～留萌～羽幌間の臨時急行「天売」などという列車もあった。
◎天塩大沢～豊岬　1982(昭和57)年6月22日　撮影：安田就視

羽幌線の主要駅である羽幌は起点の留萠を除けば、沿線で一番人口の多い町だ。天売島や焼尻島への最寄駅で、航路とは連絡運輸も行っており、観光ルートでもあった。そのため当駅までの臨時急行も運転されていた。1986(昭和61)年11月まで札幌直通の急行も運行されていた羽幌線であったが、1987(昭和62)年3月30日に全線で廃止となった。民営化を直前に控えた日本国有鉄道最後の廃止路線であった。
◎羽幌　1981(昭和56)年10月10日　撮影：安田就視

北海道の私鉄時刻表（昭和36年）

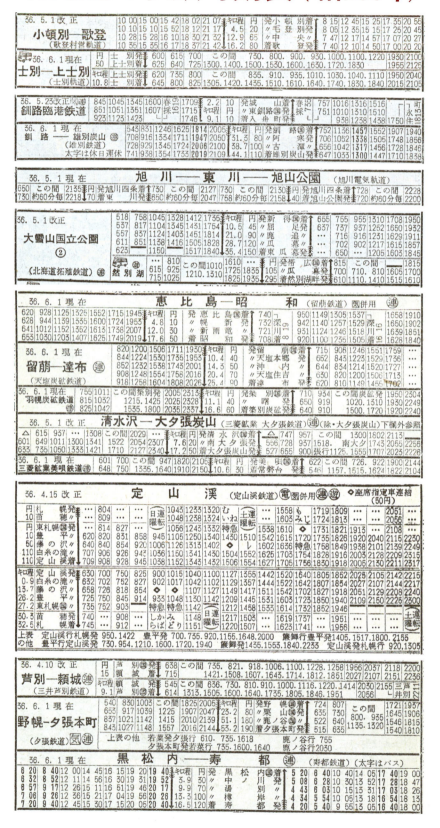

民鉄編

かつて道内の至るところに民間の鉄道路線が敷かれていた。それは臨海部であったり、都市部であったり、炭鉱鉄道も多かった。しかし今、道内に純粋な民間鉄道は存在しない。あっても3セク会社と公営鉄道やその子会社だけとなった。
◎旭川四条〜旭川追分　1972（昭和47）年7月29日　撮影：西原博

函館本線の美唄から三菱鉱業美唄鉱業所のある常盤台までを結ぶ10.6kmの運炭鉄道だ。1913（大正2）年に浅野系の石狩石炭として開鉱した美唄炭鉱はその石炭輸送のために専用鉄道を計画し、1914（大正3）年11月に美唄〜沼貝（美唄炭山）が開業した。
◎盤の沢〜我路　1963（昭和38）年7月30日　撮影：西原博

三菱美唄鉄道

開業後は地元有力者へ売却された炭鉱と専用鉄道であったが、直後に三菱へ買収され鉄道部門は美唄鉄道へと独立した。また炭鉱開発の進展により美唄炭山から常盤台まで延伸している。戦後、1950（昭和25）年に美唄鉄道は三菱鉱業に吸収合併され、三菱鉱業美唄鉄道へと変わっている。その後は、1972（昭和47）年4月に美唄炭礦が閉山。それに伴い使命を終えた路線は同年6月1日に廃止となった。
◎我路〜盤の沢　1963（昭和38）年7月30日　撮影：西原博

美唄駅では4番線を函館本線の南美唄支線と共通で使用しており、国鉄の乗り換え案内にも記載があった。終点も含めて5駅設けられ、炭鉱関係者などへ向けて旅客輸送が行われていた。また構内では美唄鉄道から国鉄へと貨車継走が行われており、構内は双方の機関車が行き来していた。
◎美唄　1969（昭和44）年　撮影：柳川知章

美唄鉄道の基地である美唄機関区は函館本線美唄駅に隣接して設けられていた。構内には蒸気機関車から気動車、客車がひしめき合っていた。また4110形などが停車する庫の奥に転車台が設けられていた。
◎美唄機関区　1969（昭和44）年　撮影：柳川知章

美唄鉄道では客貨分離のため1965 (昭和40) 年に国鉄からキハ05形を譲り受けて運行されたが、1970 (昭和50) 年に気動車での運行は廃止され、再び蒸気機関車による混合列車へと戻った。写真奥には美唄を発車した函館本線D51形牽引の石炭貨物列車が見える。
◎美唄〜東美唄構外側線分岐点　1970 (昭和45) 年　撮影：柳川知章

1919 (大正8) 年に自社発注機の2〜4号機が登場した。これは鉄道院4110形とほぼ同じであったが、ボイラー圧を高めたりと仕様が変更されていた。1949 (昭和24) 年には同じ勾配線区である奥羽本線板谷峠で余剰となった同型4両を国鉄から払い下げを受け、一時期は7両が在籍。入線以来、力のある5軸動輪の機関車は主力として活躍した。その後、数は減らしたものの廃止まで活躍した。
◎盤の沢　1963 (昭和38) 年7月30日　撮影：西原博

終点の常盤台へ向けて片勾配であった美唄鉄道。勾配は緩やかではなく、最も急なものは25‰あり、美唄炭山〜常盤台間はほぼそれであった。起点の美唄の標高は約21mで、終点の常盤台は約180mと僅か11kmほどの路線で159mも登っていた。またカーブも半径200m級の急なカーブが点在する路線だった。
◎美唄炭山〜常盤台　1969（昭和44）年　撮影：柳川知章

美唄鉄道では4110形の他に9600形も導入していた。5〜7号機がそれにあたり1両は新造車であったが、2両は国鉄からの譲渡車だった。テンダー機関車のため給水頻度は4110形より減ったという。また4110形と重連で運用されることもあったようだ。路線廃止前に2両が同じ三菱系の大夕張鉄道へと転属した。
◎常盤台　1969（昭和44）年　撮影：柳川知章

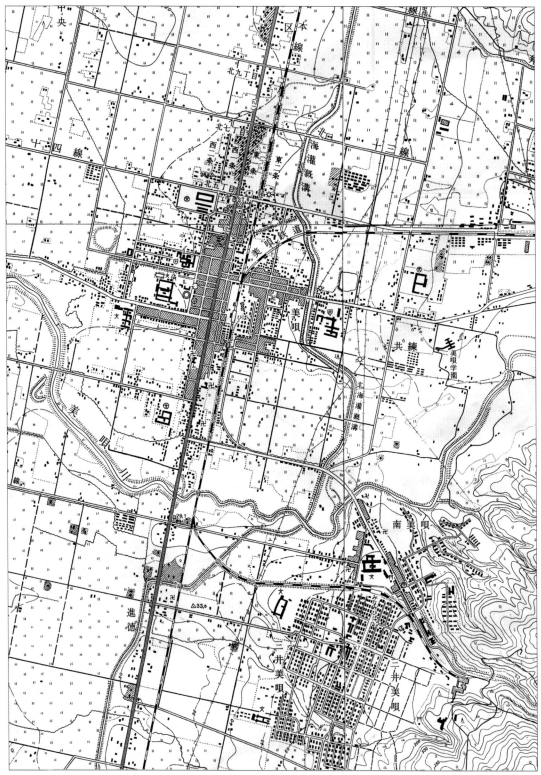

美唄駅とその周辺の地図。南北に走るのが函館本線で、そこから南へ並走し、東へ向きを変えているのが函館本線南美唄支線だ。三美運輸専用線はこの南美唄から更に先へと延びている。また美唄駅の北側から90°カーブをして東へ向かっているのが、美唄鉄道。途中の東明までは拓けているが、ここから先は美唄川の谷地に沿って山へと分け入る。東明は今の道央道美唄インター近くで、ここには当時の駅舎や4110形2号機が保存されている。

三美運輸

美唄から南美唄へ延びていた函館本線南美唄支線。その終点の南美唄から三井美唄鉱業所までは三井美唄鉱業専用線が延びていた。しかし1963(昭和38)年に炭鉱の一部を三美鉱業に引き継ぐ形で閉山。以後は三美鉱業三美鉱山として操業が続けられた。この際に運輸部門が三美運輸として分離され、主に石炭ホッパやヤードの入換作業を行なっていた。なお専用線の石炭貨物列車はD51形など国鉄の機関車で運転されていた。
◎三美鉱山　1970(昭和45)年　撮影：柳川知章

晩年は機関車が2両在籍しており、1号機が鉄道省2500形、2号機は鉄道省2120形の払い下げで、いずれも士別の日本甜菜製糖で使われていたものだった。三美運輸では主に三美鉱山のヤード入換作業などに勤しんでいたが、1973(昭和48)年に炭鉱が閉山し、南美唄支線と共に路線は廃止された。
◎南美唄～三美鉱山　1970(昭和45)年　撮影：柳川知章

三菱鉱業茶志内専用鉄道

函館本線で美唄の北隣の駅である茶志内。ここから三菱鉱業茶志内炭礦のある茶志内炭山まで北東方向へ2kmほどの専用鉄道が延びていた。これが三菱鉱業茶志内炭礦専用鉄道で、開業は遅く1952(昭和27)年のことだった。茶志内炭礦は石狩炭田の北側に大正初期に開発され、1937(昭和12)年からは日東美唄炭鉱として採掘が行われた。その後、戦中の1944(昭和19)年に三菱鉱業が買収し美唄鉱業所の支坑となったが、拡張をして単独の三菱鉱業茶志内炭礦と変わっていった。採掘量の増加に伴って鉄道による運炭が必要になったのだ。
◎茶志内炭山　1963(昭和38)年7月30日　撮影：西原博

茶志内炭礦専用鉄道は美唄鉄道が運行しており、開業時から機関車も美唄鉄道のものが使われてきた。最初に使われたのはボールドウィン製の9200形9217号機であった。1963(昭和38)年に廃車となると代わりに美唄鉄道主力の4110形がやってきて運転されていた。
◎茶志内炭山　1963(昭和38)年7月30日　撮影：西原博

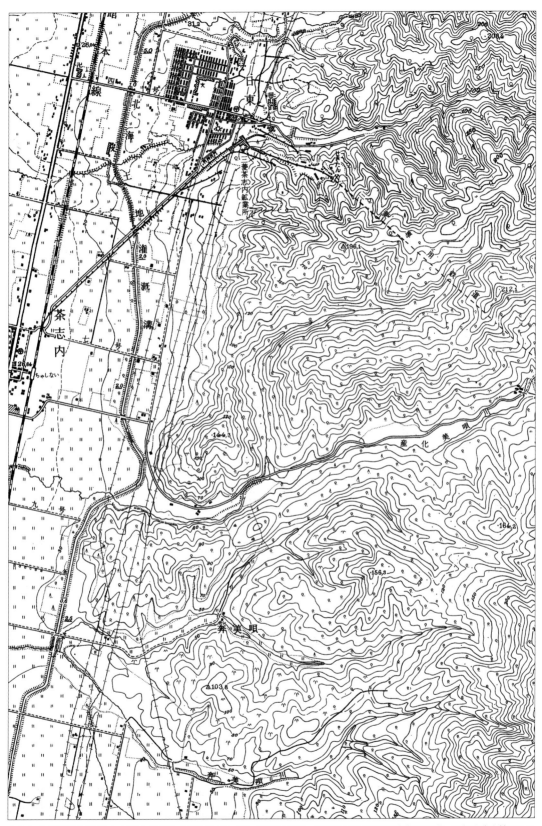

南北に走る函館本線茶志内駅の北側から北東方向へ真っ直ぐ延びている線路が茶志内炭鉱専用鉄道。田畑を突き抜けるかのごとく敷かれている。終点の茶志内炭山からは戦後に開発された坑道へと通洞が延びており索道があったことがわかる。茶志内炭礦は1967（昭和42）年に閉山し、それに伴って専用鉄道も廃止された。

三菱鉱業芦別鉱業所専用鉄道

空知炭田の一角にある芦別には複数の炭鉱があり、芦別五山と呼ばれる三菱芦別、三井芦別、油谷鉱業、高根炭鉱、明治鉱業といった大手炭鉱も参入していた。戦前の1933 (昭和8) 年に不況により上芦別を中心とした芦別炭鉱の休山を余儀なくされた三菱鉱業は、戦後の石炭増産運動により1947 (昭和22) 年から再開発に着手し、下芦別坑など複数箇所で開坑され翌年3月から本格的に操業を再開した。これらをまとめて芦別鉱業所とされた。この際に空知川の北側に位置し、芦別炭鉱から買収する形で1923 (大正12) 年に開坑。1930 (昭和5) 年に出水で閉鎖された旧 五坑のあったペンケ盤の沢地区でも再開発がなされ、ペンケ坑が開坑された。これに伴って根室本線上芦別駅からの運炭用の鉄道が敷設された。これが芦別鉱業所専用鉄道で1949 (昭和24) 年12月25日に上芦別〜辺渓間6.9kmが開業。更にそこから分岐する形で、付近でトラック輸送により出炭を行っていた油谷炭鉱へ向かう辺渓〜油谷炭鉱間1.3kmの油谷炭鉱専用鉄道が開業した。しかし、エネルギー革命による石炭需要低下により三菱鉱業芦別鉱業所は1964 (昭和39) 年2月に閉山。それにより同年9月1日に路線廃止された。また運炭手段を失った油谷炭鉱も1965 (昭和40) 年3月30日に閉山している。

◎三菱上芦別　1964 (昭和39) 年7月30日　撮影：西原博

国鉄根室本線との接続駅となる起点の上芦別。駅構内には巨大な選炭設備が設けられていた。上芦別は元々 芦別の炭礦から出荷される石炭の中継基地として開業している。アメリカンスタイルの機関車が国鉄の貨車を引き出しながら、選炭場のポケットから落とされる製品となった石炭を積載していく。
◎三菱上芦別　1964 (昭和39) 年7月30日　撮影：西原博

専用鉄道では国鉄から払い下げられた9600形や三菱大夕張鉄道から転属してきた9200形が使用されてきた。アメリカのボールドウィン製の9200形は2両が活躍した。そのうち写真の9237号機は1905(明治38)年に製造され、昭和の初めに鉄道省から同じ三菱系の大夕張鉄道へと払い下げられた。芦別には1962(昭和37)年に転属してきたが、路線廃止のため活躍は2年ほどであった。僚機の9201号機と共に日本で最後まで活躍した9200形だった。
◎三菱上芦別　1964(昭和39)年7月30日　撮影:西原博

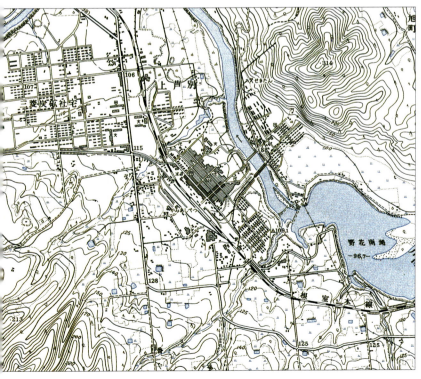

芦別では明治中頃から鉱山開発が進められていたが、本格的に開発したのは三菱合資会社(三菱鉱業)が最初で、上芦別地区を中心とした芦別炭鉱を1915(大正4)年5月に開坑した。しかし不況よる出炭制限などから1933(昭和8)年に休山を余儀なくされた。この時の芦別炭鉱は後の三井芦別と川を挟んで反対側に位置しており、1920(大正9)年に上芦別〜芦別二坑、三坑間の運炭鉄道が敷設され、休山まで活躍した後、頼城を経由して芦別川を沿うようにして上流へ向かう芦別森林鉄道として1962(昭和37)年まで活躍している。戦後に芦別鉱業所は場所を変え、下芦別駅のすぐ南側にある下芦別坑への専用線や上芦別から空知川を渡って北側に位置する辺渓にあるペンケ坑までの路線を開通させている。また上芦別からは他にも炭鉱路線が延びており、駅からすぐの空知川対岸にある金剛山で開坑された明治鉱業上芦別鉱業所への専用線も分岐していた。

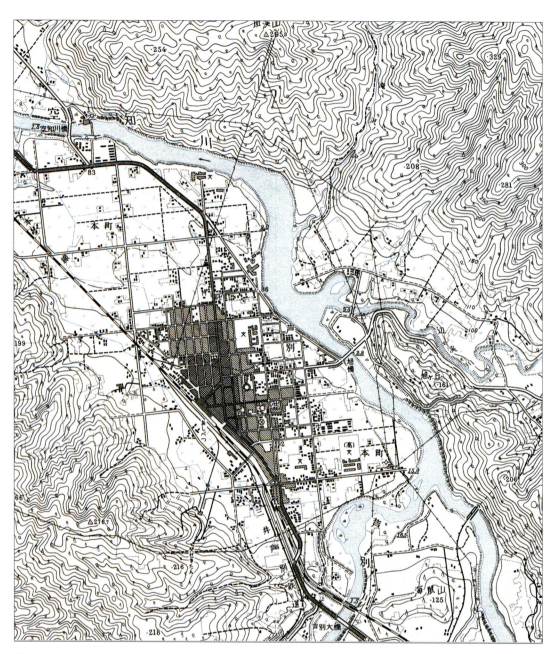

前ページで登場した三菱鉱業の芦別鉱業所は根室本線の北側に位置していたが、こちらの三井鉱山は南側の芦別川流域を開発し、1939(昭和14)年に三井芦別炭鉱を開坑した。その炭鉱からの石炭輸送用の専用鉄道として1940(昭和15)年7月29日に下芦別(芦別)〜西芦別(三井芦別)間4.1kmが開業。その後、頼城付近に二坑が開坑したことにより1945(昭和20)年7月26日には延伸して西芦別(三井芦別)〜頼城間5kmが開業し、9.1kmが全通した。1949(昭和24)年にはそれまでの専用鉄道から地方鉄道移管し、三井鉱山芦別鉄道となった。これにより国鉄委託していた列車の運行を自社管轄に変更することとなった。また1960(昭和35)年には三井芦別鉄道へと社名が変更されている。1964(昭和39)年からはディーゼル機関車を導入し、1971(昭和46)年までに無煙化を達成。1972(昭和47)年には旅客輸送の廃止などものあり、晩年は貨物路線として活躍した。貨物路線時代に一坑と二坑が集約され、出炭は頼城からのみとなり、そこから石炭貨物列車が芦別へと向かっていた。炭鉱路線としては珍しく平成まで生き残り1989(平成元)年3月26日に炭鉱の合理化により廃止された。芦別炭鉱自体は1992(平成4)年まで操業しており、芦別最後の坑内掘りの炭鉱であった。

地図に戻ろう。芦別駅から芦別川に沿って南へ向かうのが三井芦別鉄道。三井芦別に一坑、終点の頼城に二坑があった。三井鉱山芦別炭鉱は芦別川の西側の山中に坑道が張り巡らされていた。

三井芦別鉄道

1942(昭和17)年から1972(昭和47)年にかけて旅客輸送も行っていた。当初は客車を用いていたが、1958(昭和33)年に客貨分離のため気動車が導入されるとあっという間に置き換えてしまった。また炭鉱の機械化などによる合理化で従業員数が減少したことや並行道路の整備で旅客輸送はバス輸送でまかなえるようになった。そのため1972(昭和47)年6月1日に廃止。以降は貨物路線として営業した。
◎撮影区間不詳　1964(昭和39)年7月30日　撮影：西原博

1958(昭和33)年に導入されたキハ100形。新潟鐵工所製で3両が製造された。夕張鉄道キハ251形と同型であったが、ベンチレーターの違いなどの差異が見られる。また客車廃止後に一部の客車は気動車の付随車であるナハニ1形として改造され、キハ100形に併結して運転された。旅客輸送が廃止されるとキハ100形は全車 関東鉄道鉾田線(後の鹿島鉄道)へ譲渡され、同社のキハ710形として夕張鉄道から譲渡されたキハ714形(元キハ251形)と共に活躍した。
◎芦別　1964(昭和39)年7月30日　撮影：西原博

留萌鉄道

留萌炭田の南側に位置する昭和炭鉱や浅野雨竜炭鉱からの石炭輸送のために建設された留萌鉄道。まずは恵比島～太刀別間14kmが1930 (昭和5) 年7月1日に開業。3ヶ月後の10月には太刀別～昭和間3.6kmが開業し、恵比島～昭和間の17.6kmの炭鉱線が開通した。当時はその先の三井鉱山が開発する佐々木までの2.4kmが延伸予定であったが、頓挫したため未成に終わった。その後、1968 (昭和43) 年に雨竜炭鉱、翌年には昭和炭鉱が閉山。これにより1969 (昭和44) 年4月をもって列車の運行は無くなった。廃止は1971 (昭和46) 年4月15日であった。写真は恵比島駅を昭和方向に向かって発車するキハ1000形。1955 (昭和30) 年に国鉄キハ12形をベースに2両製造された。正面窓下にある大きな前灯が特徴的だ。現在、留萌炭田では小平町内の吉住炭鉱で露天掘りによる採炭が行われており、この石炭を貯蔵する施設が留萌鉄道恵比島駅跡にある。

◎恵比島　1964 (昭和39) 年8月2日　撮影：西原博

国鉄に運行を委託していた留萌鉄道であったが、1952 (昭和27) 年に自社で気動車を導入し、客貨分離を行なった。その後、1956 (昭和31) 年より国鉄留萌本線との直通運転を開始し、深川まで乗り入れた。写真はその深川駅へ到着する留萌鉄道のキハ1100形。湘南窓など上の写真のキハ1000形と似ているが、大型の前灯はなく、国鉄キハ21形や22形をベースに1959 (昭和34) 年に1両だけ製造された。また写真はないが、キハ22形と同形のキハ2000形も2両在籍した。

◎深川　1964 (昭和39) 年8月2日　撮影：西原博

開業当初は鉄道省に運行を委託、国鉄の機関車がそのまま乗り入れ運行されていた。しかし、1960(昭和35)年11月より自社運行に切り替えることとなり、新潟鐵工所製の45t凸型ディーゼル機関車のDD200形が2両導入された。また1958(昭和33)年には留萠鉄道の子会社である三和興業が開発した国産初のロータリ除雪機関車DR101CL形を導入した。これが評判となり国産初の道路用自走式ロータリ除雪車などを開発。1962(昭和37)年には三和興業から機械開発部門を独立させ、社名を日本除雪機製作所(現:NICHIJO)とした日本を代表する除雪機メーカーが、最初に開発したロータリ除雪車両でもあった。
◎恵比島　1964(昭和39)年8月2日　撮影:西原博

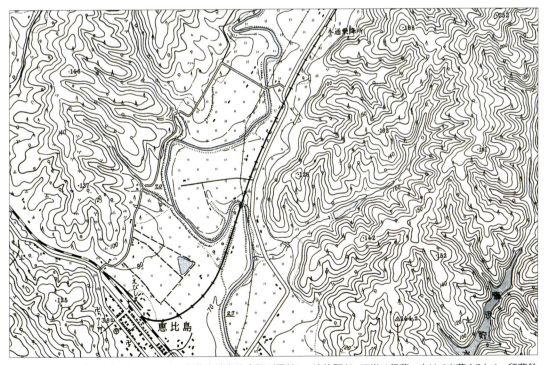

石狩平野の北の端、雨竜郡沼田町にある留萠本線恵比島駅が国鉄との連絡駅だ。石炭は留萠へ向けて出荷するため、留萠鉄道の線路は留萠本線の深川方に向かって敷かれており、大きくカーブして幌新太刀別川の上流へむかっていく。終点の昭和では開業時からクラウス製のタンク機2両が入換用として活躍しており、15号機は幌新駅付近で保存されている。また留萠駅から留萠港などへ延びる貨物線も海岸線と称して南岸線と北岸線の2路線を建設保有したが、1941(昭和16)年に国有化されている。

羽幌炭鉱鉄道

留萠炭田の北側に位置する羽幌炭礦は築別の奥地にあり、交通に難があった。そこで隣接する築別炭鉱の開坑に合わせて石炭輸送路線として建設されたのが羽幌炭鉱鉄道だ。まず接続路線の鉄道省羽幌線延伸区間となる遠羽線のうち羽幌〜築別間が1941(昭和16)年12月9日に延伸開業。それに合わせるようにして12月14日に築別〜築別炭礦間16.6kmが開業した。開業当初は年間9万tの輸送量だったが、1961(昭和36)年には100万tを突破し、順調に出荷量を伸ばしていき1968(昭和43)年には年113万tと最大産出量を記録した。しかし、道内暖房石炭需要の約3分の1を賄っていた炭礦は断層に当たり年85万t産出まで減産。そのため資金繰りが悪化し、1970(昭和50)年9月に会社更生法の適用を申請。会社は合理化により再起を図る目論みだったが、従業員からの信用を失い操業が止まり11月に閉山。それによって同年12月15日には路線廃止され、わずか30年余りの短い活躍であった。廃止年である1970(昭和50)年4月には新車の自社発注機であるディーゼル機関車DD1301号を導入したり、炭鉱では自動化を目指した採炭の新設備をテストするなどしていた最中でもあった。また閉山により市制施行の条件を満たし、翌年には羽幌市になる予定だった羽幌町は大幅に人口が流出。ちょうど国勢調査のタイミングと重なり羽幌町人口水増し事件が起こる契機ともなっている。写真はキハ22形で国鉄キハ22形と同型。3両が製造され、羽幌までの国鉄乗り入れなどで使用された。廃止後は茨城交通湊線(現:ひなちなか海浜鉄道)に譲渡された。
◎築別　1963(昭和38)年7月30日　撮影:西原博

開業時の混合列車時代から廃止まで蒸気機関車が主力であった。当初は鉄道省から譲渡された1150形と5860形。ボールドウィン製の8100形や9040形も譲渡され活躍した。晩年は旅客列車が全て気動車化されたことで8620形やC11形の3両体制となり、1970(昭和50)年のDD1301号の登場まで続いた。写真の8620形8653号機は1958(昭和33)年に国鉄から譲渡され、DD1301号の導入で置き換えられた機関車。築別炭礦には機関区が設置されていた。
◎築別炭礦　1963(昭和38)年7月30日　撮影:西原博

写真中央の客車はハフ1形で、元々は鉄道省のハフ2788形。羽幌炭礦鉄道の自社所有最初の客車であった。当初はいかにも2軸木造客車という出立であったが、1957 (昭和32) 年に旭川の旭鉄工機で車体更新工事が行われ、写真の姿となった。気動車化が進み次々と客車が廃車となる中、最後の客車として1969 (昭和44) 年まで活躍した。右側にいるラッセル車はキ1形で、元々は鉄道省キ1形。この車両は1966 (昭和41) 年に排雪モーターカー導入で廃車となっている。豪雪地帯のため雪で路線運休となり出荷できず2万tもの石炭を貯め込んだこともあるというほど、除雪が鍵となっており、晩年はロータリ、ラッセル、排雪モーターカーが各1両配置されていた。
◎築別炭礦 1963 (昭和38) 年7月30日 撮影：西原博

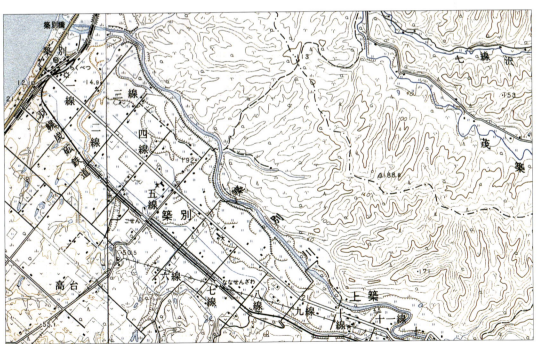

羽幌線の築別から延びていた羽幌炭礦鉄道。途中の曙から三毛別まで延びる支線は1961 (昭和36) 年に着工した深名線朱鞠内から羽幌までを結ぶ国鉄名羽線 (延長51.2km) の一部で、この区間を先に建設させ1962 (昭和37) 年12月25日より国鉄から借り受けた。また築別付近〜曙間も名羽線のルートの一部として予定された。羽幌炭鉱鉄道が幌延方を向いて築別駅へ入るため、築別付近で分岐し羽幌方を向いて羽幌線へ合流する計画であった。名羽線は1970 (昭和45) 年に羽幌炭礦の閉山による羽幌炭礦鉄道の廃止などもあったが、工事は引き続き進められていった。しかし1981 (昭和56) 年に工事は凍結。8割方の完成していたが、そのまま幻の路線となった。

旭川電気軌道

大正末期に一大農村となっていた東川村と旭川を結ぶ軌道として計画された路線で、当初は東川軌道という非電化路線の予定であったが、翌年には旭川電気軌道と名称を変えて1926（大正15）年に着工された。その数ヶ月後の1927（昭和2）年1月15日に旭川四条～東川間が開業し、この区間を約40分で結んだ。開業前までは馬で4時間かかっていたようなので、大幅な時間短縮であった。同年10月には国鉄旭川構内まで延伸、1930（昭和5）年には旭川追分～旭山公園の東旭川線も開業し、2路線となっている。路線自体はそのまま推移し、1972年12月31日に廃止され、バス転換された。現在も会社名はそのままに旭川を代表するバス会社として多くのバスを運行している。写真は旭川四条駅。背後にある旭川四条仮乗降場付近では高架化工事が進む。
◎旭川四条
　1972（昭和47）年9月16日
　撮影：林嶢

旅客運用の起点となる旭川四条駅。写真奥に見える建物は駅舎兼本社。かつてはここから少し南側にあった旭川一条まで旅客輸送を行っていた。左側に見切れているホームは宗谷本線に設置された旭川四条臨時乗降場で、1961（昭和36）年2月に旭川市の要請により開設された。正式な駅へ昇格したのは旭川電気軌道廃止直後の1973年で、高架複線化と同時であった。
◎旭川四条　1969（昭和44）年　撮影：柳川知章

旭川駅では国鉄との貨車連絡を行なっていた。旭川駅構内で国鉄線と繋がっており、宗谷本線と少し距離をとりながら並走する形で旭川四条まで敷かれていた。計画では旅客も旭川までの予定であったが、国鉄から客扱いが認められず、代わりとして近くに旭川一条駅が設けられた。しかし、旭川四条がターミナル化してしまい1937（昭和12）年に旭川一条駅の旅客扱いを廃止。以降、この区間は貨物線として使用された。
◎旭川四条　1969（昭和44）年　撮影：柳川知章

電気機関車を保有していなかったため、国鉄からの貨車継走などの貨物輸送は電車による牽引の混合列車で行われた。写真は無蓋車であるが、時には石油タンク車なども牽引することがあった。この貨物列車は東川線のみで東旭川線では運行されなかった。写真左奥には高架工事が佳境を迎える宗谷本線の高架橋と踏切が見える。
◎旭川四条〜旭川追分　1972（昭和47）年9月16日　撮影：林嶢

四条通り上の併用軌道区間。交差点などには渡板があるが、基本的には軌道が露出していた。この併用軌道だが、戦後に車が増えてくると渋滞の原因となっていた国鉄宗谷本線の市内11ヶ所の踏切が高架化工事により除去されることとなった。それにより地平ましてや市街地近くで道路の真ん中を走る旭川電気軌道の軌道廃止の機運が高まった。宗谷本線とともに高架化する案などもあったが、代替交通案が採用され、それにより1972（昭和47）年12月31日に廃止された。
◎旭川四条〜旭川追分　1972（昭和47）年6月24日　撮影：安田就視

旭川四条を出ると早々に併用軌道に入っていた東川線。旭川電気軌道は開業から長らく集電はトロリーポール方式であったが、1954（昭和29）年にパンタグラフ方式へ変更された。しかし車庫内の架線高さの関係から車両にはトロリーポールが残された状態で使用されていた。
◎旭川四条〜旭川追分　1972（昭和47）年7月29日　撮影：西原博

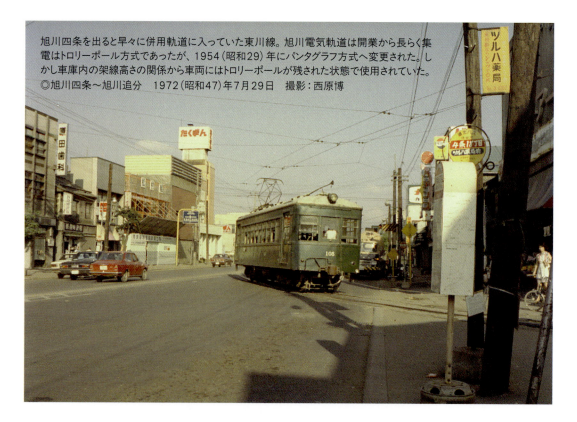

旭川四条の隣の駅となる旭川追分は東川線と東旭川線との分岐駅である他、車庫も併設されていた。写真右側に見えるのが車庫で、ここはバス部門と共用となっており、時にはバスの検査修繕にも使用されたという。ちょうど車庫の前にバスが止まっている。
◎旭川追分　1972（昭和47）年6月24日　撮影：安田就視

夕刻の旭川追分駅を発車するモハ100形103号。旭川追分駅の横に道路が通っているが、これは四条通りではなく東川に向かう道道78号線（現在の道道1160号線）だ。東川線は四条通りの併用軌道を途中で外れ、しばらく専用軌道を走って旭川追分に向かうルートであった。またかつては旭川四条との間に旭川廿丁目、牛朱別という駅が設置されていた。
◎旭川追分～旭川四条　1972（昭和47）年7月29日　撮影：西原博

旭川追分駅のホームは1面2線で、ホーム上に駅舎が設置されていた。旭川電気軌道には廃止時、25の駅が設置されていたが、駅舎があったのは旭川四条、旭川追分、東川、旭山公園の4駅のみで、本社を兼用している旭川四条以外の3駅は同じようなマンサード屋根の駅舎であった。
◎旭川追分　1972(昭和47)年6月24日　撮影：安田就視

開業から戦後まで車体は全てセピア色で塗られていたが、車庫火災で大半の車両を失った後に製造された車両はマルーンで登場した。旭川電気軌道で最後の新製車両となった1955（昭和30）年製のモハ1001形はグリーンの車体で登場。この色が好評だったことから営業車は全てこの色に塗り替えられた。写真は観音停留所で、その名の通り馬頭観音の前に駅がある。駅名標が架線柱に書かれている点に注目だ。
◎観音　1972（昭和47）年6月24日　撮影：安田就視

東川線は旭川追分を出ると東川までは大きな街はなく、家が点々とあるだけの田園地帯の中を進んで行った。旭川から郊外へ向けて運転されることから、旭川市街地に敷かれた路面電車の旭川市街軌道と区別するため「郊外電車」などと呼ばれた。
◎観音　1972(昭和47)年6月24日　撮影：安田就視

1955(昭和30)年6月に日本車輌製造東京支店で製造されたモハ1000形1001号。これまでの単車を置き換えるために登場した18m全金属車で、旭川電気軌道で一番大きな車両。同社初の自動扉、全室運転台、高性能車であるなど画期的な車両であった。現在は東旭川公民館で保存されている。上旭正駅は交換駅であったが、晩年に棒線化された。
◎上旭正　1972(昭和47)年6月24日　撮影：安田就視

1956(昭和31)年に日本車輌製造東京支店で製造されたモハ500形501号。車体は廃車となった定山渓鉄道のモハ100形で、前面窓をモハ1000形と同じ形に改造し、車内も運転台の全室化などを行った。その15mの車体に新品の足回りを組み合わせる形で登場した。また軌道は道路の路肩部分に敷かれていたケースが多かった。
◎東川〜東川四号　1972(昭和47)年6月24日　撮影：安田就視

旭川追分からずっと並走してきた道道78号線(現在の道道1160号線)から離れてS字を描くように東川駅へ向かう。終点の東川駅は東川町の中心地に立地し、ここまで旭川から貨物輸送が行われていた。駅の横にはレンガ造りの東川農協の農業倉庫群があり、そこへの引き込み線も敷かれているように貨物輸送がこの路線の最大使命であった。
◎東川〜東川四号　1972(昭和47)年6月24日　撮影：安田就視

東旭川線は東川線の旭川追分～旭山公園の6.7kmを結ぶ路線。旭川追分の旭山公園方で東川線と東旭川線の分岐していた。写真はまさに分岐地点のもので、モハ100形103号が旭山公園へと向かう。東旭川線は一部に旭川追分発着があったが、ほとんどが旭川四条発着で、東川線・東旭川線それぞれ各1時間ヘッドで列車は運行されていた。
◎旭川追分　1972(昭和47)年7月29日　撮影：西原博

道路の中心に線路が敷かれた区間に駅が設置されている区間では、道路の真ん中にホームが設置されていた。車両が高床のため道路の安全地帯に設置されたホームは存在感があった。また東旭川線は石北本線の近くに敷かれており、旭川四条付近の高架化の際は、東旭川駅から東旭川線の二丁目駅まで国鉄連絡線の建設が検討されたこともある。
◎四丁目　1972(昭和47)年6月24日　撮影：安田就視

東旭川線の終点の旭山公園。動物園などがある旭山公園の最寄駅で、今の旭山公園入口バス停付近に位置していた。駅舎は旭川追分の駅舎と似たようなマンサード屋根の駅舎であった。この駅は1930（昭和5）年12月26日に2丁目～旭山公園間3.0kmの延伸によって開業。旭川電気軌道の最後の開業区間であった。
◎旭山公園　1972（昭和47）年6月24日　撮影：安田就視

東川線開業に合わせて大阪・堺の梅鉢鐵工所で1926(大正15)年12月に製造された木造2軸車の10号。1949(昭和24)年3月の旭川追分の車庫火災で被災したが、被害が少なく復旧された。晩年は東川の貨車入換で使用されていた。また唯一被災しなかったのは20号車で、東川駅に留置されていたため難を逃れた。晩年は旭川追分駅を起点に工事用車両として使用された。
◎東川　1972(昭和47)年6月24日　撮影：安田就視

1931(昭和6)年に砂町の汽車会社東京工場で製造されたブルーム式除雪車。札幌や函館のササラ電車と同じものだ。1956(昭和31)年に廃止された旭川市街軌道線で活躍していた排1号で、1958(昭和33)年にこちらに転属してきた。旭川電気軌道には他にも1951(昭和26)年製のロータリー除雪車がいた。
◎旭川追分　1972(昭和47)年7月29日　撮影：西原博

1949（昭和24）年3月の旭川追分の車庫火災の車両補填として、半年後の9月に登場したモハ100形。3両製造され、被災した18・22・24号の復旧製造名義であったが、全くの別物。同社初のボギー車で、車体長は12m。見た目は当時の日車民鉄向け標準車体だ。主力として路線廃止まで活躍した。現在は101号が東川町郷土館にて保存されている。
◎旭川追分　1972（昭和47）年7月29日　撮影：西原博

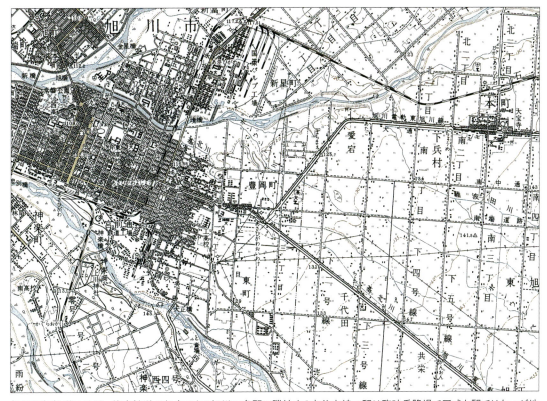

旭川電気軌道の地図。旅客輸送の起点である旭川四条駅に隣接する宗谷本線の駅は臨時乗降場で正式な駅ではないが地図には載っていた。旭川四条駅の宗谷本線を挟んで反対側には日本最北の路面電車であった旭川市街軌道の四条十七丁目電停が1948（昭和23）年まであり、旭川電気軌道と徒歩連絡をすることができた。路線は旭川追分で分岐し、石北本線の方に向かい旭山公園まで延びるのが東旭川線。一方、南東方向に真っ直ぐ延びるのが東川線だ。

日曹炭鉱天塩鉱業所専用鉄道

宗谷本線豊富と日曹炭鉱天塩鉱業所とを結ぶ日曹炭鉱天塩鉱業所専用鉄道。約20kmにも及ぶ専用鉄道の拠点は炭坑のある一坑。ここには機関区が併設されていた。写真の9600形9643号は1949(昭和24)年に当線へ入線し、廃止時まで活躍した。廃止後は苗穂のサッポロビール園に保存されていたが、現在ではニセコ町が保有し、ニセコ駅南側に保存されている。
◎一坑
　1972(昭和47)年
　撮影：岩堀春夫

路線は宗谷本線豊富駅から三坑間の約20kmに敷かれた路線の開業は1940(昭和15)年2月。軟弱地盤帯に敷設され、途中には豊富温泉などが立地する。また途中には登竜峠があり25〜33‰の勾配がある起伏のある線形で、石炭列車では後部補機が連結されることもあった。天塩鉱業所閉山に伴い1972(昭和47)年7月に廃止となった。廃止後、一部区間はサイクリングロードとなっている。

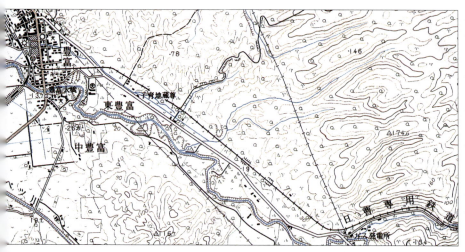

国鉄豊富駅の南側にあった専用鉄道の旅客ホームに停車する9600形牽引の混合列車。晩年には機関車はメインの石炭出荷輸送時に正向きになるよう豊富方を向いており、炭鉱へ戻る列車では逆機で運行された。この路線に9600形は廃止時は3両在籍しており、かつては8100形なども国鉄から払い下げられ活躍していた。
◎豊富　1963（昭和38）年7月29日　撮影：西原博

炭坑周辺に住む従業員やその家族、沿線の集落や豊富温泉へ向けての旅客輸送も行っていた。その客車には国鉄から払い下げられたオハ31形197号が使用された。これに繋がる貨車は石炭だけではなく、沿線の牧場から出荷される牛乳缶などの輸送も行うなどライフラインとしての役割もあった。
◎一坑　1972（昭和47）年
　撮影：岩堀春夫

北海道拓殖鉄道

　根室本線新得から士幌線上士幌の54.3kmを結んだ北海道拓殖鉄道。この会社名の拓殖とは線路を敷設することで入植者が集まり、沿線が開発されるだろうという目論みであった。1928(昭和3)年12月15日に新得～鹿追21.0kmが開業。その後、中音更延伸を経て1931(昭和6)年11月15日に上士幌まで全通した。しかし、1949(昭和24)年に東瓜幕～上士幌を廃止、その後も補助金が打ち切られた他、沿線人口も少なく苦しい経営であった。その頃、国鉄ではこの北海道拓殖鉄道と同じ根室本線新得から士幌線士幌～上士幌を経由して池北線の足寄まで結ぶ北十勝線の計画があった。モーターリゼーションにより経営が苦しくなっていた北海道拓殖鉄道は、工事による路線買収に期待したが、鉄道施設老朽化の修繕資金も出せないほど困窮し1968年10月1日に廃止となった。北十勝線は1974(昭和49)年に起工式が行われ、測量まで行われたが未成線に終わった。写真は新得駅に停車するキハ301形。客車から台枠を延長流用して車体を新製した車両。1963(昭和38)年に登場したが、僅か5年だけ使用されて路線が廃止されてしまった。

◎東新得
　1963(昭和38)年7月31日
　撮影：西原博

北海道拓殖鉄道では旅客用として客車だけではなく内燃動車を1932（昭和7）年と翌年にかけて2両導入した。2軸車でキハ101・102であった。戦後には西武鉄道からボギー内燃車を2両譲り受けた。これが写真のキハ111形。元々は国有化前の佐久鉄道の車両で1930（昭和5）年製で、路線廃止まで活躍した。
◎東新得　1963（昭和38）年7月31日　撮影：西原博

開業時の1928（昭和3）年にホロハ1・2という2両の木造ボギー客車が用意された。このうちホロハ1は1950（昭和25）年に鋼製客車に改造され、ナハ501へと改番された。この客車は晩年まで使用された。もう1両のホロハ2は同時期にそのままホハ502となったが、1961（昭和36）年に廃車となり、台枠をp140の写真に写るキハ301形に流用された。
◎東新得　1963（昭和38）年7月31日
　撮影：西原博

雄別鉄道

途中の山花駅で、対向のキハ100形と交換する。この山花駅では簡易軌道仁々志別線が接続しており、雄別本線は地域の基幹路線としても活躍していた。当駅は1956（昭和31）年3月20日までは穏禰平駅という駅だった。
◎山花　1963（昭和38）年8月1日　撮影：西原博

釧路市街地から北西へ40kmほど離れた舌辛川上流の原生林の中で発見された雄別炭山。当初は船や馬車を使い出荷していたが、輸送力は不足した。そこで雄別炭山〜大楽毛での鉄道輸送を立案するも大楽毛での船積みが難しいことから雄別炭山〜釧路間での鉄道敷設が行われ、1923(大正12)年1月17日に北海炭礦鉄道として開業した。その翌年には三菱系となり雄別炭礦鉄道へと改称。戦後、埠頭線の開業などを経て、1959(昭和34)年には雄別鉄道へと再度改称した。これは炭礦輸送だけでなく沿線の市街地化など地域交通機関としての高まりもあったといわれる。もはや炭礦路線ではなく釧路一帯の公共交通路線として定着してきた雄別鉄道であったが、1969(昭和44)年に親会社の雄別炭礦が経営していた赤平市の茂尻炭鉱で大規模なガス爆発事故があり、経営が悪化。同社が運営していた全ての炭鉱が閉山することとなり、雄別炭鉱も1970(昭和45)年2月27日に閉山。雄別鉄道もその煽りを受け、代替交通が確保されるまで営業を続け1970年4月15日で廃止となった。写真は釧路駅。根室本線と接続しており、貨車継走もここで行われた。ホームは根室本線の山側に隣接する形で設置されていた。
◎釧路　1965(昭和40)年6月
　撮影：長谷川明

雄別鉄道は石炭輸送だけではなく、釧路市街から離れた阿寒町など沿線の主要交通としても栄えた。そのため開業翌月より旅客輸送も積極的に行っており、貧弱な輸送手段しかなかった沿線は釧路経済圏となっていった。また農作物や原木輸送などもおこなわれ、石炭輸送に頼り切った輸送体系を脱却するような経営が行われていた。写真は阿寒駅。1950(昭和25)年4月30日までは舌辛駅であったが舌辛村が阿寒町になったことから改称された。
◎阿寒　1963(昭和38)年8月1日　撮影：西原博

雄別本線の終点、雄別炭山駅。ここは専用線が分岐し、ホッパー施設や機関庫などもあり、新釧路に並ぶ同線の拠点駅だ。写真はキハ100形。雄別鉄道の気動車は1957（昭和32）年に登場した国鉄キハ49200形（キハ21形）と同形のキハ49200Y形の3両と1962（昭和37）年以降に製造された国鉄キハ22形と同形のキハ100形の3両が在籍した。キハ49200Y形に"Y"がつくのは国鉄形式との差別化のためであった。いずれも路線廃止時まで活躍し、全車が関東鉄道に譲渡され同社のキハ760形、キハ810形、キハ813形として筑波線（後の筑波鉄道筑波線）や常総線で活躍した。
◎雄別炭山　1963（昭和38）年8月1日　撮影：西原博

雄別鉄道ではC11形や8700形や9040形など国鉄の払い下げや道内の他の炭鉱鉄道で使用された機関車などが活躍した。その中でも写真の205号機は1923（大正12）年に製造されたコッペル製の自社発注機。当初は本線で使用されたが、石炭庫の容量の問題で雄別炭山の入換などで活躍。路線開業初期から廃止まで使用された唯一の機関車だ。
◎雄別炭山　1963（昭和38）年8月1日　撮影：西原博

2軸ボギー客車のナハ12形。1937（昭和12）年に日本車輌製造東京支店で製造された北海道鉄道キハ550形で、国有化後の1950（昭和25）年に雄別鉄道に2両が譲渡された。その後、2両とも1952（昭和27）年に客車化改造がなされ、ナハ12形の12号と13号となった。12号は気動車と同色に塗られ、その付随車として路線廃止まで使用された。釧路駅を釧路川を挟んで反対側に位置する釧路臨港鉄道では同じ北海道鉄道キハ550形を同様に譲渡され、これを気動車として走らせていた。
◎雄別炭山　1963（昭和38）年8月1日　撮影：西原博

こちらも2軸ボギー客車だが、形式はコハ2形。この車両は元々1935（昭和10）年に日本車輌製造で製造されたガソリンカーの北海道鉄道キハ501で国有化後にキハ40351になった後に雄別鉄道へ譲渡され、1952（昭和27）年に客車化改造されたもの。上の写真のナハ12形と同じように見えるが、車体長は3m短く定員も20名ほどコハ2形の方が少なく、客車としてのみ使用された。
◎雄別炭山　1963（昭和38）年8月1日　撮影：西原博

1952（昭和27）年に新富士～釧路北埠頭（雄別埠頭）を結ぶ釧路埠頭倉庫専用線を買収して埠頭線とした。これまで新釧路で石炭出荷をしていたが、雄別本線の鳥取分岐点から新富士にある十條製紙（日本製紙）釧路工場までの線路を利用して釧路北埠頭（雄別埠頭）からの石炭出荷も行うようになった。写真は埠頭線を走るC11形1号機。この機関車は1947（昭和22）年に日本車輌製造で滋賀県の江若鉄道向けに製造された機関車。1957（昭和32）年に雄別炭礦鉄道へ譲渡され、雄別鉄道廃止後は釧路開発埠頭へ再譲渡されて1975（昭和50）年まで活躍した。現在は東武鉄道のC11形123号機として鬼怒川線などで活躍している。
◎雄別埠頭　1963（昭和38）年8月1日　撮影：西原博

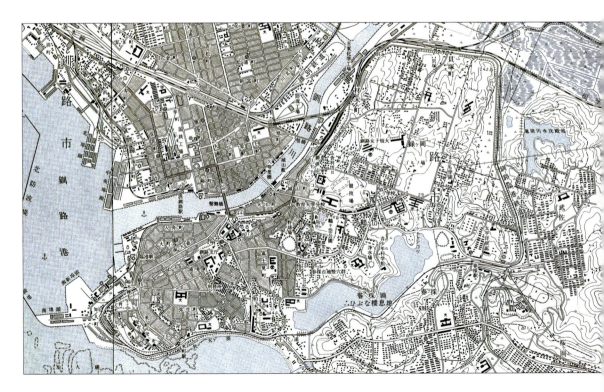

鳥取信号場からの鳥取側線は新富士付近で根室本線を平面交差しており、列車往来の増加からこれを解消すべく1968(昭和43)年に雄別本線の鶴野〜新富士を結ぶ鶴野線を開業。これにより根室本線を立体交差して埠頭線に接続できるようになった。1970(昭和45)年の雄別鉄道解散後は鶴野線は廃止。4年かけて建設された鶴野線はわずか2年足らずで廃止となってしまった。残った埠頭線は釧路開発埠頭に譲渡され、1984(昭和59)年まで活躍した。写真は雄別埠頭駅の高架桟橋で石炭列車を押し込むC11形だ。
◎雄別埠頭　1963(昭和38)年8月1日　撮影:西原博

釧路港や釧路市街には至るところに線路が敷かれていた。地図右下にあるC字形の半循環状路線は釧路臨港鉄道。東釧路〜城山間が城山線、東釧路〜臨港間が臨港線となっている。釧路駅を東に出て市街地を大きく迂回するように半径300mのカーブで西に進路を変えるのが雄別鉄道雄別本線だ。釧路駅の西側から海側に延びる線路が根室本線支線で、その先にあるのが浜釧路駅と国鉄釧路工場。新富士付近には十條製紙(日本製紙)釧路工場があり、雄別鉄道の専用線なども延びた。また新富士付近から根室本線に沿うように延びる路線が雄別鉄道埠頭線(後の釧路臨港埠頭)だ。この他、根室本線から延びる専用線などもあり、釧路界隈の路線事情は今と比べると別物のように思える。

釧路臨港鉄道

開業翌年の1926(大正15)年から1963(昭和38)年にかけては旅客運行も行っていた。長らく客車やガソリン動車が使われてきたが1953(昭和28)年からはキハ1001形が使用された。これは元北海道鉄道キハ550形553号で国有化後に国鉄キハ40363号となった。これを1951(昭和26)年に譲渡されたもので、当初はほぼ客車として入線。しかし1953(昭和28)年に液体式ディーゼルエンジンを搭載して気動車として復活した。同線の旅客輸送廃止まで活躍した。
◎入舟町
　1963(昭和38)年8月1日
　撮影：西原博

釧路臨港鉄道は太平洋炭礦の石炭輸送と釧路港の臨港鉄道として、1925（大正14）年に知人〜春採間で開業した。当初は石炭輸送が最優先であり、開業後に臨港部の区間が1937（昭和12）年にかけて順次敷設されていった。P210-211の地図を参照するとわかりやすいが、国鉄とは東釧路駅で連絡し、城山〜東釧路〜春採〜入船町を結ぶ路線は幣舞橋交差点付近を挟む形で、C字で敷設されており、あと僅かで環状運転も可能であった。しかしながらバス路線が発達しており、それほど旅客は多くなかったようだ。また旅客輸送も利用客の低迷から1963（昭和38）年に撤退している。写真は自社発注機のD101形で、1958（昭和33）年製の機関車。ロッド式なのが特徴的だ。左奥に見えるのは南埠頭で、中央奥が知人埠頭。釧路の港湾拡大により様々な荷物を輸送していた。

◎臨港線 知人〜臨港
　1965（昭和40）年6月
　撮影：長谷川明

ディーゼル機関車が配置されるまで蒸気機関車が主体であり、自社発注機から国鉄払い下げ機まで様々な機関車がいた。写真の10形は1905（明治38）年製の国鉄2120形2356号で1951（昭和26）年に払い下げられ入線した。釧路臨港鉄道の蒸気機関車は1965（昭和40）年までに廃止されており、この機関車も1964（昭和39）年まで活躍した。

◎春採
　1963（昭和38）年8月1日
　撮影：西原博

213

釧路臨港鉄道は路線縮小などを経て1979(昭和54)年に太平洋石炭販売輸送へと吸収合併された。その後、1986(昭和61)年には東釧路における国鉄連絡輸送打ち切りにより臨港線の春採～知人以外の区間が廃止となり、残った区間は2019(令和元)年まで石炭輸送路線として活躍した。この石炭は日本で最後の坑内堀の炭鉱である釧路コールマインのもので、廃止後はトラック輸送に転換された。
◎臨港線知人～春採　撮影：Jun kaida（PIXTA）

浜中町営軌道

かつて道北や道東を中心に至る頃に敷設されていた簡易軌道。道内には延べ740km敷設されていたという。これら簡易軌道は、かつて殖民軌道と呼ばれ大正期末期から昭和初期にかけて数多く敷設された。殖民軌道は明治末期から大正期にかけて道北や道東の地質の悪いエリアへの入植に際し建設された道路が貧弱で春先の融雪期などには泥水で通行が困難となった。そこで安定した輸送手段として道庁が主導して敷設されたのものだ。これは好評となり、昭和初期の第二期北海道拓殖計画で採用され、道北・道東を中心に道内各地に建設された。根室本線沿線に特に多く、最初の路線も1924 (大正13) 年に厚床〜中標津間に敷設された殖民軌道根室線であった。建設費を抑えるため軌間は762mmと森林鉄道などでも使われる狭いものを採用。当初は馬による輸送であったが、規模や輸送力が大きくなるとガソリン機関車などが導入され、一部路線は道庁の直営路線となった。また当初、同庁は内務省管轄であったが1947 (昭和22) 年にこれが解体され、殖民軌道は農水省管轄へ移管。これに伴って名称が簡易軌道へと変わった。これと同時期に北海道開発局による簡易軌道改良事業の対象になった路線は同局の所管となり公共物扱いとされた。そのため、これまで各路線は運行組合によって運行がなされていたが、自治体へ移管され名称も〇〇町営軌道などと変わった。しかし、この時代も長くは続かなかった。各地で道路整備が進むと道路の代わりとして敷かれた簡易軌道の輸送力は激減し、路線数も減少。1970 (昭和45) 年に簡易軌道整備事業による大規模な補助金が終わると次々と数を減らし、1972 (昭和47) 年の浜中町営軌道の廃止によって姿を消した。

◎秩父内〜茶内
1963 (昭和38) 年8月1日
撮影：西原博

人口の約5倍の乳牛が飼育されている浜中町。浜中町産の牛乳は品質がよく、ハーゲンダッツの原料にもなっている。ここの酪農の中心は茶内原野で、関東大震災で罹災者した許可移民が入植したことがはじまりであった。当初は農業主体であったが、昭和30年代に乳牛による酪農へと移行していった。そんな最中、浜中町営軌道は1927（昭和2）年に根室本線茶内駅から延びる殖民軌道茶内線、支線の円朱別線として開業した。徐々に延伸をし、茶内線は茶内～西円朱別と中茶内～若松、円朱別線は茶内線の秩父内から分岐して東円朱別を経て上風蓮を結ぶ路線となった。戦後に茶内線中茶内～若松が茶内線から分離して若松線が開業して3路線となった。このうち茶内線は1957（昭和32）年、円朱別線は1962（昭和37）年、若松線は1964（昭和39）年から動力化されている。また茶内線は西円線、円朱別線は東円線などとも呼ばれていたという。1972（昭和47）年の路線廃止後は生乳輸送はタンクローリーに、旅客輸送は町営バスへと切り替えられた。現在でも茶内駅前には雪印から移管されたタカナシ乳業の工場がある。

地図に移ろう。浜中町営軌道は根室本線茶内駅の北西側（本屋側）に位置し、貨物ホームの横にあった。停留所を出るとすぐにカーブする。その脇には雪印乳業茶内工場があり、引き込み線が分岐する。それを過ぎると車庫があるのだが、この地図ではわかりにくい。

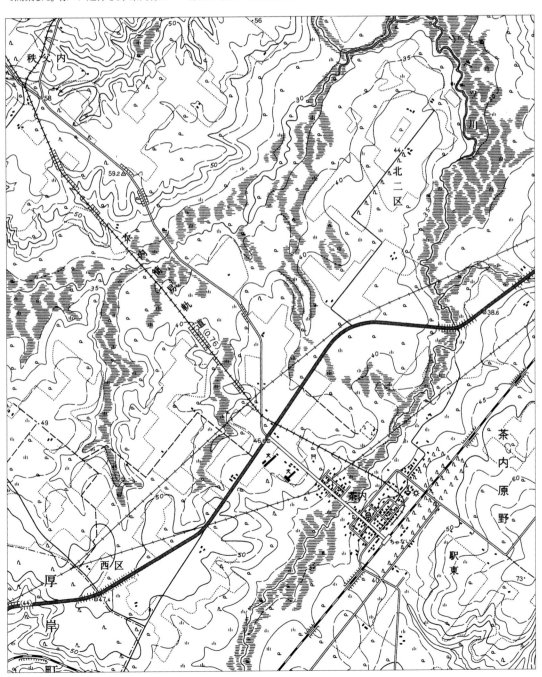

1957（昭和32）年に動力化されると、馬力輸送から順次切り替えられ1965（昭和40）年までに自走客車は5両、機関車は牽引用が4両と除雪用が2両導入された。自走客車は旅客用で車内はロングシートだった。写真は1962（昭和37）年 釧路製作所製の自走式客車で、車体色は中央の白帯を境に緑色の濃淡2色塗りの車両であった。
◎茶内　1963（昭和38）年8月1日　撮影：西原博

茶内構内に留置される釧路製作所1957（昭和32）年製の牽引客車。こちらはエンジンを積んでいなく自走することはできない客車で、自走客車よりもやや小ぶりな車体である。
◎茶内　1963（昭和38）年8月1日　撮影：西原博

浜中町営軌道の始発駅となる茶内には雪印乳業茶内工場があり、そこへの牛乳輸送が多くを占めていた。西円朱別には西円朱別集乳所があり、ここではそこに集められた生乳は牛乳タンク車に積まれて引き込み線が延びる工場まで直接輸送された。タンクはステンレス製で3両ほどあったという。隣の無蓋貨車は牛乳缶を積載するための車両で、タンク車を使わない他の地区からの輸送にはこちらが使用された。
◎茶内　1963（昭和38）年8月1日　撮影：西原博

道東の浜中町とはいえど雪深く、浜中町営軌道ならず道内各地の簡易軌道は雪に悩まされてきた。当線には泰和車輌製のダブルオーガを備えた機関車タイプのロータリー式除雪車がいるが、それとは別に1965（昭和40）年に廃止された東藻琴村営軌道より転属してきた泰和車輌製のロータリー式除雪車がいた。こちらは専用のディーゼルエンジンで稼働するもので自走はできず、機関車に推進される形で使用された。特殊な形をした大きなブロアが装備され、オーガはなく固定式のウイングもあり、見た目はまるで国鉄のキ600形を小さくしたようなスタイルだ。写真奥に見える煙突は雪印乳業茶内工場のものだ。
◎茶内　1971（昭和46）年　撮影：柳川知章

浜中町営軌道の基地である茶内にある車庫。ここは茶内駅から少し離れ、雪印乳業の工場を過ぎたノコベリベツ川に近い場所に置かれていた。庫や転車台などが設置されていた。廃止後はバスの車庫として庫をそのまま使用していたが、1990年代に改築され車庫の名残の建物は消えた。
◎茶内　1971(昭和46)年　撮影：柳川知章

戦後の簡易軌道改良事業では車両の動力化以外にも軌道強化なども行われた。茶内の市街地を出てすぐのノコベリベツ川に架かる真新しい鉄橋を駆け抜け原野へと向かう自走客車。浜中町営軌道は北海道の簡易軌道で最後まで運転された路線であったが、動力化から僅か十数年しか経たずに姿を消した。
◎茶内～秩父内　1963(昭和38)年8月1日　撮影：西原博

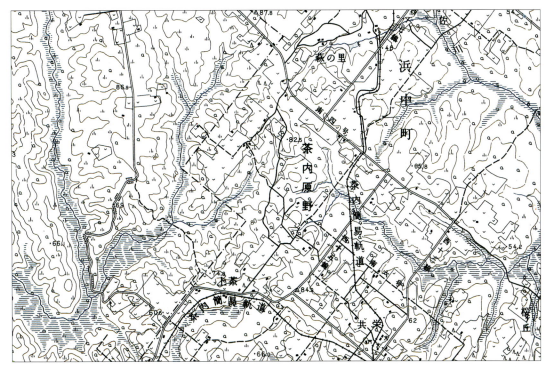

中茶内から茶内線の西円朱別までと若松線の一部の入った5万分の1の地図。右上にあるのは全長12.959kmある茶内線の終点 西円朱別停留所で、1941(昭和16)年の中茶内からの延伸時に開業した。駅付近で二股に分かれているように停留所と集乳所の位置が約700mほど離れていた。この西円朱別集乳所では西円朱別地区の生乳が集められ、冷却された後に茶内の雪印工場まで出荷されていた。また中茶内から分岐した若松線は別寒辺牛までの全長7.8kmで、1960(昭和35)年に茶内線から分離した路線。開業当初の茶内線は茶内から若松を結ぶ13.036kmの路線であった。1964(昭和39)年に若松〜別寒辺牛までの1.880km延伸開業している。なお若松と別寒辺牛は浜中町ではなく、隣の厚岸町に位置する。

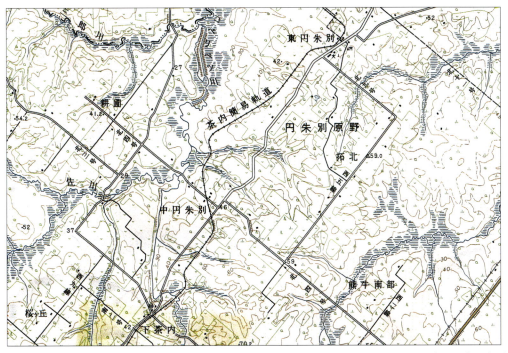

茶内線の秩父内から分岐していた円朱別線は、開業当初は下茶内までの3.397kmで、地図右上の東円朱別までの5.763kmは1932(昭和7)年に延伸開業した。その後、上風蓮までの4.240kmが1965年に開業し、円朱別線は全通した。終点の上風蓮は別海村に位置しており開南とも呼ばれた。

標茶町営軌道

オソツベツ地区の緊急開拓事業のため1951(昭和26)年に着工した簡易軌道として道内最後の完全新規路線となった標茶町営軌道。開運町から上オソベツと途中の中オソベツから沼幌へ分岐する支線が敷設された。工事は資金難などにより遅れ、1955(昭和30)年に既に完成していた開運町〜神社前の14.3kmが先行して開業した。開業当初は釧路開発建設部より車両を借り入れていたという。その後1958(昭和33)年までに上オソベツまで開業、1961(昭和36)年には開運町(標茶市街)〜旭町(国鉄標茶駅前)の1.683kmが開業した。支線となる中オソベツ〜沼幌までの沼幌線6.48kmの開業は大きく遅れ1966(昭和41)年となり、ようやく全線開業したかと思えば翌年の1967年には旭町支線が廃止、沼幌線もたった4年しか稼働せず1970(昭和45)年に廃止され、1971(昭和46)年7月には全線が廃止され町営バスへと変わった。簡易軌道標茶線ともいうが、同名の路線としては標茶駅の釧網本線を挟んで反対側から延びていた殖民軌道標茶線があった。こちらは1936(昭和11)年に国鉄標津線となっており、同名で被ることはなかった。

◎開運町　1971(昭和46)年
　撮影：C6210(ピクスタ)

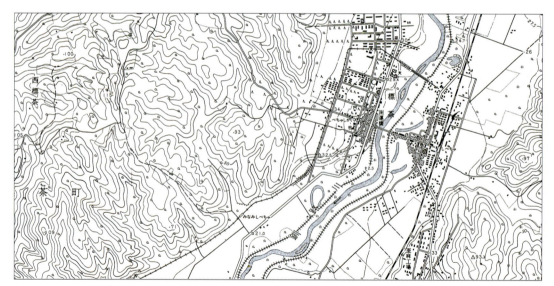

標津町営軌道は旭町(国鉄標茶駅前)から北に進み、Uターンするように大きく回りながら起点となる開運町(標茶市街)へ向かった。この旭町〜開運町間の通称 旭町支線の廃止は1967(昭和42)年と路線廃止より前であったが、よくある洪水で鉄橋が流されたというわけではなかった。橋梁自体は遊歩道に改造され、2011(平成23)年まで健在であった。この旭町支線は朝晩の2往復のみで学生輸送が主だったようだ。
開運町から厚生までの区間は当初の計画ではトンネルなどで山越えをする予定であったが、資金難により山裾を走って山を迂回する形で敷かれたため2.2kmほど遠回りするルートとなった。

廃止間際の開運町停車場。国鉄の標茶駅は釧路川を挟んだ対岸に位置していた。標茶町営軌道の起点駅で、停車場の他に車庫や転車台、軌道事務所などがあった。現在の駅跡は空き地となっており、車庫などいくつかの建物は現存するものもあるようだ。写真中央に見えている緑色の車両は1957（昭和32）年 運輸工業製の牽引客車だ。
◎開運町　1971（昭和46）年　撮影：C6210（ピクスタ）

路線廃止時は4両の客車（自走客車も含む）と5両の機関車と1両の除雪車が配置されていた標茶町営軌道。主に生乳や飼料を輸送していた貨物列車などで使用された。開運町の車庫に設置された転車台はこの機関車の方向転換で使用された。手前の機関車は1962（昭和37）年 泰和車輌製のロータリー式除雪車で、雪深い地区には必需品であった。
◎開運町　1971（昭和46）年　撮影：C6210（ピクスタ）

【著者プロフィール】

山内ひろき（やまのうちひろき）

東京都生まれ。近所に貨物駅などがあり鉄道に多く触れ合う環境で育ってしまい根っからの鉄道好きとなった。現在は会社員の傍ら、鉄道関係書籍などの原稿を執筆している。弊社からの著書多数。

【写真提供】

岩堀春夫、高橋義雄、西原博、長谷川明、林嶢、安田就視、柳川知章、PIXTA

【参考文献】

鉄道ピクトリアル（電気車研究会）
鉄道ファン（交友社）
私鉄要覧（電気車研究会鉄道図書刊行会）
日本国有鉄道停車場一覧（日本交通公社）
国鉄監修時刻表（日本交通公社）
札幌工事局七十年史（日本国有鉄道札幌工事局）
石勝線建設工事誌（日本鉄道建設公団札幌支社）
開発こうほう2018年5月号（北海道開発局）
蒸気機関車EX（イカロス出版）
蒸気機関車機関区総覧（イカロス出版）
列車名大辞典（イカロス出版）
SL甲組の肖像（ネコ・パブリッシング）
国鉄全駅各駅停車（小学館）
全線全駅鉄道の旅（小学館）
炭鉱技術（北海道炭鉱技術会）
年表と写真で見る北海道の国鉄（北海道新聞社）
北海道新聞（北海道新聞社）
北海道の私鉄車両（北海道新聞社）
北海道の駅878ものがたり駅名ルーツ研究（富士コンテム）
北海道の殖民軌道（レイルロード）
簡易軌道の風景（レイルロード）
釧路・根室の簡易軌道（釧路市立博物館）
殖民工法（北海道庁）
炭鉱めぐり（公論社）
芦別市史（芦別市）
根室市史（根室市）
下富良野線建設概要（鉄道院北海道建設事務所）
日本鉄道旅行地図帳（新潮社）
雄別炭礦鉄道50年の軌跡（ケーエス興産）
天鹽川橋梁構桁の艀式架設に就て（土木学会誌）
北見地方の峠越え鉄道トンネルと峠道路の形成（土木史研究　第19号）
橋の情報と資料（中日本建設コンサルタント）

北海道の国鉄・私鉄・路面電車
（上巻）道東・道北編

2025年4月25日　第1刷発行

　　　　　著　者　　山内ひろき

　　　　　発行人　　福原文彦

　　　　　発行所　　株式会社フォト・パブリッシング
　　　　　　　　　　〒114-0014　東京都北区田端6-1-1 田端ASUKAタワー 17階
　　　　　　　　　　TEL.03-4212-3561（代）　FAX.03-4212-3562

　　　　　発売所　　株式会社 メディアパル（共同出版者・流通責任者）
　　　　　　　　　　〒162-8710　東京都新宿区東五軒町6-24
　　　　　　　　　　TEL.03-5261-1171　FAX.003-3235-4645

デザイン・DTP　　石井恵理子（株式会社ニイモモクリエイト）装丁・本文とも

　　　　　印刷所　　株式会社サンエー印刷

ISBN978-4-8021-3501-6 C0026